城乡居民
养老保险问题研究

韩之彬◎著

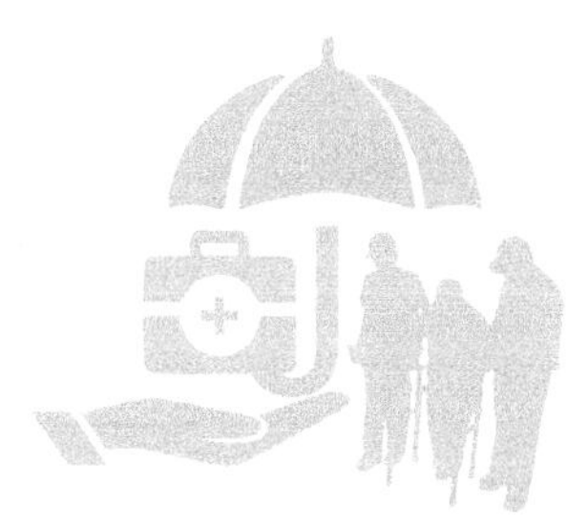

中国商业出版社

图书在版编目（CIP）数据

城乡居民养老保险问题研究 / 韩之彬著. -- 北京 : 中国商业出版社， 2024. 6. -- ISBN 978-7-5208-2985-4

Ⅰ. F842.612

中国国家版本馆 CIP 数据核字第 2024XJ7949 号

责任编辑：吴　倩

中国商业出版社出版发行
（www.zgsycb.com 100053 北京广安门内报国寺 1 号）
总编室：010-63180647 编辑室：010-83128926
发行部：010-83120835/8286
新华书店经销
北京七彩京通数码快印有限公司印刷

*

710 毫米×1000 毫米　16 开　7 印张　148 千字
2024 年 6 月第 1 版　2024 年 6 月第 1 次印刷
定价：50.00 元

* * * *

（如有印装质量问题可更换）

前　言

近年来，人口老龄化程度持续加深已经成为我国社会经济发展的突出特征，人口老龄化问题已经影响了经济的发展。有针对性地妥善解决城乡居民的养老问题，确保更多城乡居民都能够享受到高质量的养老保险，从而达到老有所养、老有所依，有利于社会的和谐稳定。

党的十八大以来，党中央始终将社会保障体系建设摆在重要的位置，甚至上升到国家战略层面，这一举措推动了我国社会保障体系的发展和成熟。而统一构建城乡居民基本养老保险制度，扩大养老保险的覆盖面，也将成为改善民生、保持社会稳定和团结的重要方法。目前，我国基本养老保险制度覆盖了近 10 亿人，已经成为世界上拥有最大规模社会保障体系的国家。截至 2021 年年末，全国的城乡居民基本养老保险的参保人数已经超过 6 亿人，其中 95%以上是农村居民，超过 1.6 亿的城乡老年居民通过每月领取养老保险金，能够保证基本的晚年物质生活质量。这说明城乡居民的基本养老保险在保障和改善民生及调节收入分配等方面发挥了积极作用。但是不可否认的是，目前城乡居民养老保险制度在发展过程中仍然存在一系列的问题。

本书第一章和第二章对城乡居民养老保险概述以及城乡居民基本养老保险制度的影响机制与发展现状进行了系统分析与概述；第三章对城乡居民养老保险对居民消费的影响进行了分析总结；第四章对城乡居民基本养老保险的健康发展提出优化策略。本书的出版希望能对城乡居民养老保险制度的可持续健康发展起到积极意义，为我国完善社会保障制度体系提供政策建议。

前言

目　　录

第一章　城乡居民养老保险概述 …… 1

第一节　城乡居民养老保险的相关概念 …… 1

第二节　城乡居民养老保险的运行机理 …… 8

第二章　城乡居民基本养老保险制度 …… 16

第一节　城乡居民基本养老保险制度概述 …… 16

第二节　城乡居民养老保险制度收入再分配影响机制 …… 28

第三节　城乡居民养老保险制度发展现状 …… 40

第三章　城乡居民养老保险对居民消费的影响 …… 48

第一节　养老保险对居民消费影响的理论基础与机制 …… 48

第二节　城乡居民养老保险与居民消费现状分析 …… 53

第三节　优化城乡居民养老保险制度的政策建议 …… 67

第四章　城乡居民基本养老保险优化对策 …… 71

第一节　深化城乡居民基本养老保险制度改革的总体规划 …… 71

第二节　城乡居民基本养老保险制度中长期发展展望 …… 79

第三节　城乡居民养老保险的可持续发展策略 …… 92

参考文献 …… 102

第一章　城乡居民养老保险概述

城乡居民养老保险是我国社会保障体系的重要组成部分，该制度与城镇职工养老保险制度共同构成了当下的社会养老保险制度，对于保障城乡老年居民的基本生活具有至关重要的保障作用。

第一节　城乡居民养老保险的相关概念

随着经济的发展，城市与乡村地区在基层、群众、民生的服务理念下开展管理工作，践行城乡居民养老保险政策，不断拓展参保面，提升人员基础养老金待遇，加快了城乡居民养老保险制度建设进程，对解决地区群众民生问题、经济社会和谐发展具有积极意义。

一、城乡居民基本养老保险

城乡居民基本养老保险是面向我国的全体城镇和农村居民而建立的一种保障制度，其主要是为了保障职工基本养老保险未覆盖到的城乡居民，体现了我国社会保障制度的公平性。符合参保条件的居民仅需在其户籍所在地缴纳保费便可以参加。城乡居民基本养老保险在 2014 年由“新农保”和“城镇居民养老保险”两者并轨而产生，制度模式为社会统筹与个人账户相结合，同时采用个人按照规定缴纳保险费用、村镇集体进行一定程度的补助、国家及地方政府进行补贴三者相结合的筹资方式。养老金待遇的给付采用地方政府按照中央规定结合各地经济情况制定的基础养老金与个人缴纳保险金费用所形成的个人账户相结合的形式。城乡居民基本养老保险是将社会参保人群中不符合职工基本养老保险参保条件的群体纳入我国养老保险体系中，体现了我国养老保险的全局性以及公平性，是我国整个养老保障体系中不可或缺的重要组成部分。目前我国的基本养老保险始终坚持促进城乡居民全体覆盖，保障参保人群的基本生活权益，适时根据发展状况进行灵活调整，保障养老保险可持续发展的方针，并在此基础上不断完善该项保障制度模式，进一步加大这一制度的覆盖范围，同时充分发挥社会保障制度对缩小城乡经济差距、保障人民基本生活等重要作用，为全面建设城乡居民基本养老保险更高层次的统筹提供基础。

2009 年 9 月 1 日，《关于开展新型农村社会养老保险试点的指导意见》的发布，标志着中国农村养老保险进入了一个全新的发展阶段，农民期待已久的养老保障终于可以实现。2011 年，《关于开展城镇居民养老保险试点的指导意见》的发布，为我国城镇居民养老保险制度的建立提供了强有力的支撑，为全体居民提供了更为全面、更为可靠的保障。

这一意见要求各省可结合本省实际情况决定城镇居民养老保险与新农保是否合并，如果一些省没有条件实行合并，那么先行创造条件，力争早日实行制度并轨。文件规定，年满16周岁（不含学生）、农村无职工基本养老保险人员，可自愿参保。城乡居民养老保险缴费等级为10级，从100元到1000元不等，由被保险人自行选择缴费金额。政府提供的补贴包括缴费补贴和基本养老金补贴，缴费补贴由省、省辖市政府提供，总额为30元，包含在被保险人的个人账户中，同时，向符合条件的参保人员发放基本养老保险补贴（出口补助），中央和县（市）、区政府每年每人给予60元补贴，对困难残疾人等，政府代其缴纳全部或者部分养老保险最低标准。政策实施之前已经超过60岁的老年人直接按时领取基础养老金。

二、城乡居民养老保险理论基础

（一）收入再分配理论

1. 收入再分配理论概述

收入再分配是政府利用公共行政手段将社会资源转移给特定利益群体的一种手段，通过向经济弱势群体支付国民收入以缩小收入差距，是政府社会保障职能的体现。社会养老保险是国民收入再分配的重要方式，实现了劳动者个人的纵向收入再分配、劳动者代际的纵向收入再分配以及同代劳动者之间的横向收入再分配，通过社会财富的再分配实现保障公民基本生活、保证劳动力供给、使经济社会可持续发展的目标①。我国的养老保险制度采用“统账结合”的模式，即社会统筹与个人账户积累相结合，社会统筹部分体现了收入再分配的公平原则，个人账户积累体现了完全积累的效率功能，这种混合型养老保险制度实现了公平与效率的统一。养老保险统筹层次越高，其收入再分配范围越广、能力越强。我国养老保险基金统筹的目标是全国统筹，在全国统筹的宏观层次上考量养老保险的收入再分配功能，其收入再分配功能水平由养老保险统筹层次收入再分配的“广度系数”“深度系数”“收入差距缩小系数”“劳动负担系数”决定②。

2. 收入再分配理论与城乡居民养老保险制度

城乡居民基本养老保险的基金筹集来源于个人缴费、集体补助和政府补贴，是典型的“统账结合”混合型养老保险制度，其“现收现付”的基金运行方式体现了收入再分配的功能。目前我国城乡居民基本养老保险的统筹层次仍处于市级统筹，基本达到了统筹区域内社会财富再分配的目的，为老年人提供基本的生活保障。我国农村长久以来保持以家庭为经济单位的模式，在养老方面多由子女经济收入的家庭内部转移支付来满足老年人的生

---

① 穆怀中．国民财富与社会保障收入再分配［M］．北京：中国劳动社会保障出版社，2022：164-166.

② 穆怀中．养老保险统筹层次收入再分配理论研究［J］．辽宁大学学报（哲学社会科学版），2014，42（6）：115-122.

活需要，因此在农村“养儿防老”的思想极为普遍，但近些年农村家庭“空巢化”严重，“养儿防老”的传统模式受到较大冲击。在此背景下，城乡居民基本养老保险的介入使老年人个体的养老风险分散至统筹范围内全体社会成员，极大增强了老年人抵御未来风险的能力。另外，参保选择本身也实现了参保者一生中纵向的收入再分配，通过在个人劳动期进行养老储蓄，以供个人老年期的养老消费，城乡居民基本养老保险有助于平滑参保者的消费，降低老年人对子代的经济依赖性，在一定程度上将子女从养老经济压力中解放出来，弥补因家庭结构变化产生的家庭养老缺口。

（二）生命周期理论

1. 生命周期理论概述

生命周期理论是由 F. 莫迪利安尼主要提出的，他也因此被授予诺贝尔经济学奖。与凯恩斯的消费储蓄理论不同，莫迪利安尼的消费与储蓄生命周期理论从个人的生命周期消费计划出发，建立了一种消费与储蓄的宏观经济理论①。生命周期理论提出，经济理性人会综合考虑收入与支出、工作时间、退休时间、社会保障政策等因素，根据效用最大化原则，以整个生命周期为时长从整体上计划消费和储蓄行为，使一生中的收入等于消费。基于预期寿命和收入的不确定性，人们会通过储蓄来实现纵向消费均衡或收入的“平滑”，以应对未来的不确定性。社会保障制度会影响一个人在老年期的福利水平，如果社会保障待遇水平较高，人们就可以减少储蓄，增加消费②。从这个角度出发，参加社会保险的行为可以视为储蓄的一种，通过参加社会养老保险，可以实现对一生中收入的平滑分配，从而保障在无经济来源的老年期仍可以维持生活所需。

2. 生命周期理论与城乡居民养老保险制度

基于生命周期理论，每一个经济理性人追求的都是全生命周期的效用最大化，其消费会偏好于依据稳定的预期劳动收入决定边际消费倾向，平滑其跨时消费③。这提示我们农村老年人可以通过参保城乡居民养老保险平滑其一生的消费，放松其预算约束，提高收入水平，收入水平提高会提升其抵御未来不确定风险的能力，从而成为传统家庭养老的重要补充。尽管“养儿防老”在我国农村地区仍被广泛接受，但随着家庭结构的变化，家庭养老模式抵御风险的能力相较于以往明显下降，越来越多的人已经有了参加社会保险和商业保险的意识。当然，现阶段城乡居民养老保险的保障水平不高，对家庭养老的替代作用有限。随着社会养老保险的保障水平进一步提升，其在生命周期中的纵向收入再分配作用会更加明显，更好分担家庭养老的抗风险责任，对农村老年人的生活起到更多的保障作用。

---

① 董振海．对我国目前消费和储蓄的分析——生命周期理论的运用［J］．现代经济探讨，2000（6）：45-48.

② 周哲，林珊珊．从生命周期理论看中国居民的消费和储蓄［J］．中国物价，2012（2）：57-60.

③ 何东琪．消费储蓄理论：一个生命周期描述模型的理论思考——兼论中国社会福利制度改革的重点［J］．西北大学学报（哲学社会科学版），2004（5）：58-62.

（三）马斯洛需求层次理论

1. 马斯洛需求层次理论概述

需求层次理论是美国心理学家马斯洛在《人类激励理论》一书中提出的，它主要描述了人在心理学上的需求层次。马斯洛需求层次理论认为，人是因为有了需求才会有动机，同时需求分为五个层次：生理需求、安全需求、情感需求、尊重需求以及自我实现的需求。其中生理需求是人最基本和最强烈的需求，在满足生理需求的基础上，人对于其他几个层次需求的追求才会提升，从而最终达到自我实现的层次。这五种需求的层次越低，能量与潜力越大，越容易被满足，五种需求相互联系，只有当低层次的需求在一定程度上被满足时，高级层次的需求才会出现（见图 1-1）。

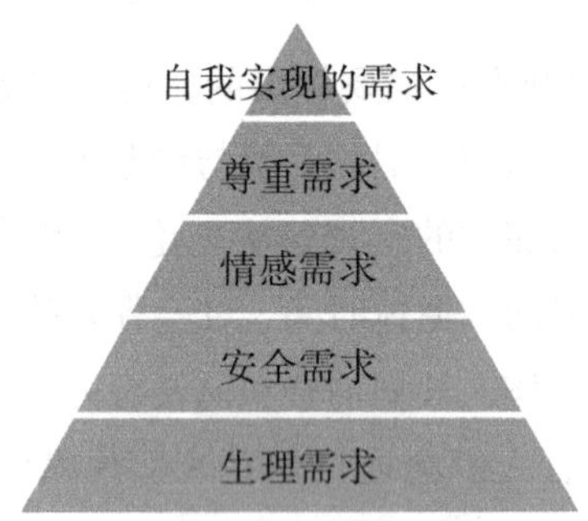

图 1-1 马斯洛需求层次

2. 马斯洛需求层次理论与城乡居民养老保险制度

如果将家庭养老与马斯洛需求层次相匹配，我们不难发现家庭养老的经济支持、生活照料和精神慰藉正对应着需求层次的底层三要素，这也与我国养老模式“老有所养、老有所依、老有所为、老有所学、老有所乐”的战略目标相符。前述说明了家庭养老中经济转移的理论基础，但经济基础只能满足老年人的最基本的需求。除此之外，生活照料与精神慰藉这些高层次的需求依然存在，而这是城乡居民养老保险所无法提供的，需要通过家庭为媒介，以亲情来满足老年人的需求。需求结构决定养老供给，马斯洛需求层次理论提示我们，尽管随着社会的发展，家庭的养老功能会逐渐弱化，但社会养老不会简单完全替代家庭养老，相较于社会养老，家庭养老支持有更丰富的内涵和手段，因此两者嵌入式融合发展才能全面满足老年人的需求，切实提升老年人的福祉。

（四）社会支持理论

“社会支持”一词最早提出于 19 世纪末，主要指社会各方面对个人在精神方面的要求、物质给予的援助和支持。20 世纪 60 年代，美国医生斯拜科特提出了一种新的治疗方法，即利用社会支持网络来激发家庭成员的积极性，让他们在非正式的环境中发挥治疗作用。在 20 世纪 70 年代，社会支持理论被引入精神病学领域，并且在那里进行了大量的研究。社会支持理论认为，个人通过社会关系网络获取各种资源。肖水源和杨德森把社会支持看作来自外部的一种客观的支持，及个人对上述支持的使用程度。① 刘晓和黄希庭界定社会支持是指个人所得到的精神与物质上的支持，这些支持来自其具有的社会关系，在压力与身心健康间起调节作用②。史秀华把社会支持定义为一个人在社会生活环境下所感受到的社会各领域的心理、物质上的协助或扶持③。

三、城乡居民养老保险档案管理

档案管理是城乡居民养老保险管理的重中之重，高质量的档案可以为城乡居民办理养老保险业务提供依据，为社会保险事业的发展和调整提供数据支持。随着城乡一体化建设的快速发展，城乡居民养老保险得到广泛关注。作为社保体系的重要组成部分，需要提高养老保险服务质量，在工作中深层次反映城乡居民生活中的问题。为此，应当加大城乡居民养老保险档案管理规范性，保证城乡居民养老保险档案的真实、准确和全面，以规范和专业的方式方法开展相关档案服务业务，使得城乡居民养老保险事业得到有力的档案信息支持。

（一）城乡居民养老保险档案管理的特点

1. 社会性

随着养老保险业务办理范围的延伸，一旦参保人达到领取养老金的条件时，则可以直接领取养老金。这使得养老保险档案成为发放养老保险待遇的主要依据。因此，养老保险档案管理具有较强的社会参与性，需要社保档案部门与参保人保持紧密的沟通，在参保人的配合下做好基础性的档案管理工作。养老保险档案管理应充分关照参保人的实际情况，有针对性地制定档案收集、整理、鉴别的措施，并从服务性的角度提高养老保险档案业务办理的质量。

2. 复杂性

随着城乡居民养老保险制度的不断推广、相关政策的持续优化，城乡居民养老保险覆盖面更广，参与人数越发庞大，这给养老保险档案管理工作带来了较大的考验。例如，当前涉及养老保险业务办理的人员多为未参加城镇职工基本养老保险的农村居民，文化程度相对低，年龄结构跨度大，从事的职业种类较多，养老保险档案的内容差异大，一些信息核实难度大，需要采用有针对性的工作方法。参保人员构成的复杂性决定了需要花费较大精力用于档案收集整理。

3. 流动性

目前，城乡居民养老保险参保人多为农村户籍人员，参保人的流动性大，外出务工的

---

① 肖水源，杨德森．社会支持对身心健康的影响［J］．中国心理卫生杂志，1987（4）：183-187.

② 刘晓，黄希庭．社会支持及其对心理健康的作用机制［J］．心理研究，2010，3（1）：3-8，15.

③ 史秀华．社会支持对护士工作投入的影响［J］．齐鲁护理杂志，2015，21（1）：61-63.

情况较多。在当前的居民社会养老保险制度下，参保人员的身份较为复杂，具有流动性大的特点，这给养老保险档案管理带来了一定的难度。

4. 政策性

我国处在社会经济发展的转型期，城乡之间的界限被打破，但是仍存在着一定的差异，这种差异在城乡居民养老保险办理方面尤为明显。为了更好地推动城乡居民养老保险的深化改革，优化收入分配机制，需要建立一个高效的管理机制，利用各种政策规范具体的操作行为，促进养老保险制度不断向前发展。

（二）城乡居民养老保险档案管理的现状

1. 档案管理重视程度有待提高

目前，基层社保部门在办理养老保险业务时更重视保险缴费，客观上存在着轻视档案管理的问题。一方面，档案管理工作的专业性较强，兼职人员仅对档案管理负有部分责任，最终工作由档案室具体负责完成，因此往往未能在档案管理方面投入较大的精力。另一方面，城乡居民养老保险档案的构成较为复杂，档案管理涉及多个部门相互配合，若其中一个环节出现问题，将会从整体上影响档案工作的效率和质量。当前参保人员的流动性大，一些基础数据信息调查难度大，需要耗费大量的时间精力，极大地增加了工作的难度，这使得一些基层社保部门对养老保险档案管理的重视程度不足。

2. 档案管理规章制度有待完善

城乡居民养老保险管理部门虽然构建了较为完善的档案管理制度，能够在基层业务办理中积极落实国家的法规政策要求，但是整体工作还处于初始阶段。随着档案管理政策要求的加强，以及相关工作范围、内容、方式的变动，使得原有的档案管理标准有时并不符合实际工作需要。一些基层社保部门缺乏必要的档案管理监督机制，不能及时梳理档案管理工作中的问题，未能形成标准化、科学化和系统化的档案管理调节机制，各部门采用的档案整理方式方法不同，这些因素都影响着档案管理的规范性。

3. 档案管理技术方法有待进一步更新

城乡居民养老保险档案管理材料的复杂性，资料种类和来源的多样性，决定了现有传统的档案管理方式难以实现档案规范化管理。虽然很多居民养老保险中心配置了计算机，但是未能加大力度推广和使用信息化档案管理系统，信息化档案管理标准与传统纸质档案管理标准存在冲突，这些都影响了档案管理技术手段的升级。

4. 档案管理人员专业素养有待提高

目前，从事城乡居民养老保险档案管理工作的人员专业素养参差不齐，大部分以兼职身份从事相关档案管理工作，档案管理专业化水平有限，不利于实现养老保险档案的规范化管理。多数社保部门会在其从事该项工作前进行简单的培训，平时依靠档案管理规范化制度来约束工作行为。但由于缺乏经常性的培训和相关工作经验的借鉴，致使城乡居民养

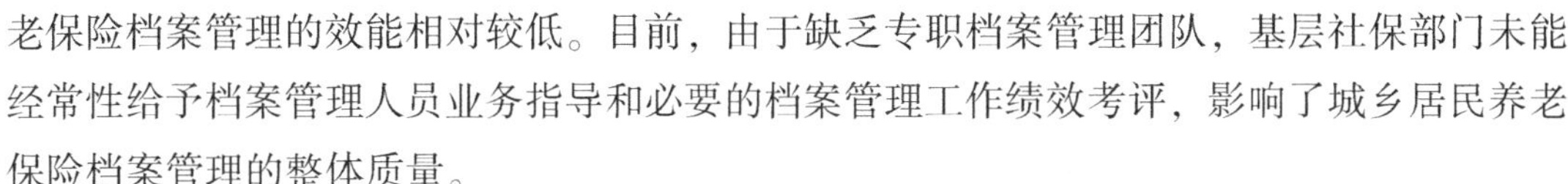

老保险档案管理的效能相对较低。目前，由于缺乏专职档案管理团队，基层社保部门未能经常性给予档案管理人员业务指导和必要的档案管理工作绩效考评，影响了城乡居民养老保险档案管理的整体质量。

（三）城乡居民养老保险档案规范化工作的要点

1. 明确档案管理内容

城乡居民养老保险档案管理涉及的内容较多，需要制定统一的管理标准和业务工作要求，从制度方面予以强化。首先，应组织相关从业人员认真学习社会保险业务档案管理法规，充分认识城乡居民养老保险档案管理要点，这样才能提高养老保险档案管理的准确性，扎实开展各项基础工作。其次，根据现实工作需要，拟订城乡居民养老保险档案管理工作阶段性计划，进一步规范立卷、编目、统计、归档工作要点，引导相关人员科学有序工作，逐一审核档案资料的真实性与可靠性，及时更新其中的错误信息，做到在第一时间与档案所属人进行核对，确定信息无误后，再进行统一的录入和装订。最后，鼓励相关从业人员研究相关技术，掌握必要的档案修复方法，熟练使用现有的技术设备，并能根据档案管理工作需要进行必要的技术优化创新。

2. 优化档案管理流程

为了保证城乡居民养老保险档案管理规范有序进行，必须优化现行的工作流程，简化不必要的步骤，以信息化管理为目标要求，建立更加全面的档案管理工作机制。首先，我国城乡居民养老保险档案管理还处在初步完善阶段，相关法规与操作程序还有待健全，应根据本地区工作的实际情况与相关市县的经验交流，找出城乡居民养老保险档案管理的问题，围绕保证档案资料的真实性、完整性和系统性开展改革工作。其次，建立一个更加完善的档案制作、整理、借阅、查询的工作机制，认真梳理城乡居民养老保险档案管理工作实绩，基于技术进步和时代需要进行流程优化。

3. 强化档案管理监督

各地区的社保部门应当结合本地区的实际情况，提高城乡居民养老保险档案管理的制度化、规范化和科学化水平。一方面，积极借鉴省级部门的指导标准，提高档案信息制作、传递效率，狠抓养老保险档案基础工作，由专职岗位负责社会信息的采集工作，积极加强社保档案规范化建设宣传，在社保大厅张贴相关信息填写要求，逐一开展现场审核，尤其要辅助填写有困难的群众认真准确填写社保档案。对于有误信息和资料要及时通过短信和电话方式进行核对，并给予必要的提示信息，帮助城乡居民尽快修改信息，加快相关业务的办理速度。

4. 加强档案开发利用

我国城乡居民养老保险档案管理事业的发展离不开程序法规的建设，更离不开城乡居民的积极参与。在档案管理规范化建设中还要广泛征集人民群众的意见建议，既做好相关的解释说明和宣传引导工作，又能提高便民服务的质量，从而推动城乡居民养老保险档案管理事业的深化改革。首先，了解居民对社保服务的态度，掌握城乡居民不愿意配合社保档案建设的原因，从而找出政策调整的依据。其次，广泛开展社会调研工作，及时回复全社会关注的有关城乡居民社保领域的问题，通过档案供给服务数据分析把握社保档案管理改革的着眼点，最终形成规范化的规章制度促进社保档案管理工作的不断优化创新。最后，从社保档案开发利用的协同性角度出发，广泛争取各方面的配合，积极解决档案流转中存在的各种问题，基于保持业务工作运行流畅性进行规章制度的再度梳理，从而出台更符合业务办理需要，满足各方要求的档案规范。

第二节　城乡居民养老保险的运行机理

一、城乡居民基本养老保险高质量发展的必要性

（一）待遇水平偏低会引发“退休待遇多轨化”矛盾

当前城乡居民基本养老保险整体待遇水平偏低，不仅同城镇职工基本养老保险的待遇水平具有较大差距，甚至与农村低保、城市低保待遇水平相比存在一定的差距。待遇水平偏低的现实容易引发社会不满情绪，“退休待遇多轨化”也会造成不同群体之间的矛盾，不利于我国构建和谐社会、小康社会。尤其是在乡村振兴、新就业形态群体增加的形势下，提高城乡居民基本养老保险的待遇水平，有利于缩小不同制度群体之间的收入差距。

（二）改革是制度本身的必然选择

城乡居民基本养老保险基础养老金待遇水平低且缺乏科学的调节机制，政府的财政投入力度与城镇企业职工基本养老保险相比也存在明显不足，目前迫切需要设计科学、长期、规范的基础养老金调节机制，提高基础养老金的待遇水平。个人账户制度在参数设置上的不完善导致其自身必须进行改革，才能适应城乡居民基本养老保险高质量发展的需要，其中缴费档次设置以及缴费方式的不完善迫使其不得不进行调整，如缴费档次的增设、取消需要统筹考虑收入和物价水平的变化。缴费年限最低为 15 年的领取资格也有必要随着社会发展而进行动态调整或完善。个人账户应当依据精算原则进行参数定期调整与重构，防止待遇水平偏低以及财务的不可持续性。

（三）对个人账户制度存续性质疑的回应

由于城乡居民基本养老保险个人账户的缴费档次偏低造成待遇水平较低、运行效果不佳，学术界也对个人账户的存续性存在争议。不少学者主张采用普惠式的养老金形式发展城乡居民基本养老保险，如董克用和施文凯提出完善制度的重点是统账分离，建立独立的

普惠型公共养老金制度，并将个人账户完善为自愿参加的第三支柱个人养老金制度①；齐传钧对非缴费型养老金历史、现状进行分析，得出最主要的结论为我国城乡居民基本养老保险制度应放弃个人缴费选项②。基于对个人账户运行效果的低效现状和质疑，有必要探讨如何加强个人账户的高质量发展，以充分发挥其实际作用。

二、城乡居民养老保险区域政策比较分析

（一）城乡居民养老保险基金筹集

目前，我国城乡居民基本养老金的筹资渠道与新农保基本相同，主要包括国家补贴、集体补贴与个人缴费三种形式。关于集体补贴，各地的政策大同小异，都是为了鼓励有条件且发展良好的农村集体组织对参加保险的人进行补贴。所以，下文从两个角度来论述：一是从个人缴纳的角度；二是从国家的财政补助角度。

在个人缴费领域，最常见的缴费方式为：当地政府缴费档次与国家标准相同，将缴费档次设为 12 档，各省（区、市）国家可依据自身具体条件，设定适当的标准，使投保人可以自由地确定自己的标准，从而使自己获得更大的收益。例如，陕西省从 2020 年起，将城乡居民养老保险缴费档次从 12 档调整到 10 档，取消了 100 元、300 元和 900 元三档，增加了 3000 元档。辽宁省从 2019 年 1 月 1 日开始，将城乡居民养老保险缴费档次从原来的 12 档调整到 7 档。

从政府补助来看，中央政府对基础养老金的补助主要有：中西部获得全部补贴，东部获得 50%的补贴；按照“多缴多得”的原则，各地方政府对符合最低缴费档次的人员，按最低缴费档次给予 30 元以上补贴。另外，各地还可以按照当地的发展状况，确定适当的补助水平。

全国 31 个省份 2020 年城乡居民养老保险缴费档次设计如表 1-1 所示。

表 1-1　全国 31 个省份 2020 年城乡居民养老保险缴费档次设计

省份	缴费档次设计	档次数量
北京	最低缴费档次为 1000 元，最高缴费档次为 9000 元	—
天津	600~3300 元（每 300 元一档）	10
河北	200 元、300 元、500 元、1000 元、3000 元、5000 元、8000 元	7
上海	500~1300 元（每 200 元一档），1700 元、2300 元、3300 元、4300 元、5300 元	10
江苏	300~1000 元（每 100 元一档），1500 元、2000 元、2500 元	12

① 董克用，施文凯．从个人账户到个人养老金：城乡居民基本养老保险结构性改革再思考．［J］．社会保障研究，2019（1）．

② 齐传钧．城乡居民基本养老保险全覆盖的前景分析与改进建议［J］．晋阳学刊，2019（4）．

续表

省份	缴费档次设计	档次数量
浙江	100 元（适合贫困户）、300 元、500 元、800 元、1000 元、1500 元、2000 元、3000 元、5000 元	9
福建	100~2000 元（每 100 元一档）	20
山东	100 元、300 元、500 元、600 元、800 元、1000 元、1500 元、2000 元、2500 元、3000 元、4000 元、5000 元	12
广东	180 元、240 元、360 元、600 元、900 元、1200 元、1800 元、3600 元、4800 元	9
海南	100~1000 元（每 100 元一档）、1500 元、2000 元	12
山西	同国发〔2014〕8 号文	12
内蒙古	200~1000 元（每 100 元一档）、3000 元、5000 元、7000 元	12
安徽	200~1000 元（每 100 元一档）、1500 元、2000~5000 元（每 1000 元一档）	15
江西	100~1000 元（每 100 元一档）	10
河南	100~1000 元（每 100 元一档）、1500 元、2000 元、2500 元、3000 元、4000 元、5000 元	16
湖北	同国发〔2014〕8 号文	12
湖南	100~1000 元（每 100 元一档），1500~3000 元（每 500 元一档）	14
陕西	200 元、300 元、400 元、500 元、600 元、800 元、1000 元、1500 元、2000 元、3000 元	10
广西	同国发〔2014〕8 号文	12
重庆	同国发〔2014〕8 号文	12
四川	100~1000 元（每 100 元一档）	10
贵州	100 元、300 元、400 元、600 元、800 元、1000 元、1500 元、2000 元、2500 元、3000 元	10
云南	同国发〔2014〕8 号文	12
西藏	200~1000 元（每 100 元一档）、1500 元、2000 元、3000 元、4000 元、5000 元	15
甘肃	100~1000 元（每 100 元一档）、1200 元、1500 元、2000 元、2500 元、3000 元	13
青海	同国发〔2014〕8 号文	12
宁夏	100 元、300 元、500 元、1000 元、2000 元、3000 元	6
新疆	100~1000 元（每 100 元一档）、1500 元、2000 元、2500 元、3000 元	14
辽宁	200 元、300 元、500 元、800 元、1000 元、2000 元、3000 元	7
吉林	200~1000 元（每 100 元一档）、1500 元、2000 元	11
黑龙江	200~600 元（每 100 元一档）、800 元、1000 元、1500 元、2000 元	10

资料来源：根据政策文件整理。

（二）城乡居民养老保险待遇及调整

城乡居民养老保险的待遇包括两个部分：一是个人账户养老金；二是基础养老金。个人账户全部积累额除以计发月数（139 个月）即为个人账户养老金月计发标准。若参保人去世，除了国家补贴以外，其个人账户中的结余可以按照法律规定进行继承。2015 年中央将基础养老金由 2014 年的 55 元/年调整为 70 元/年。在此基础上，各地政府可以从实际出发进行相应的调节。近年来，因政策的差别，各地对基本养老保险待遇的调整范围及力度存在差异，造成了各地基本养老保险的基础养老金的差异越来越大。

表 1-2 是根据《中国统计年鉴》对全国 31 个省份 2014—2021 年的基础养老金待遇水平数据汇总。

表 1-2 各省份城乡居民养老保险基础养老金待遇水平

单位：元/年

省份	基础养老金							
	2014 年	2015 年	2016 年	2017 年	2018 年	2019 年	2020 年	2021 年
北京	430	470	510	610	710	710	830	850
天津	220	245	261	277	295	307	307	307
河北	60	75	80	80	108	108	108	108
上海	540	645	750	850	930	1010	1100	1200
江苏	80	105	115	115	135	148	160	173
浙江	100	120	120	135	155	155	165	180
福建	70	85	100	100	118	118	130	130
山东	75	85	100	100	118	124	142	150
广东	65	100	110	120	148	170	170	170
海南	135	145	145	145	145	145	183	193
山西	65	80	80	80	103	103	103	103
内蒙古	60	85	90	110	128	133	133	140
安徽	55	70	70	70	105	105	105	110
江西	70	80	80	80	105	105	105	115
河南	55	78	80	80	98	103	103	103
湖北	55	70	70	70	103	103	115	125
湖南	60	75	80	85	103	103	113	113
陕西	55	75	75	75	93	98	136	136
广西	75	90	90	90	116	116	121	131
重庆	80	95	95	95	115	115	115	115
四川	60	75	75	75	100	105	105	105
贵州	55	70	70	70	93	93	98	98

续表

省份	基础养老金							
	2014 年	2015 年	2016 年	2017 年	2018 年	2019 年	2020 年	2021 年
云南	55	75	75	85	103	103	103	103
西藏	120	140	140	140	170	180	180	185
甘肃	65	85	85	85	103	108	108	113
青海	55	85	140	155	175	175	175	175
宁夏	85	115	115	120	143	143	143	150
新疆	55	115	115	115	140	140	140	150
辽宁	70	85	85	85	108	108	108	108
吉林	55	75	80	80	103	103	103	108
黑龙江	55	70	70	80	98	103	108	108

资料来源：《中国统计年鉴》。

由表 1-2 可知，上海、北京、天津三个直辖市的基础养老金水平均较高，且三个直辖市均对基础养老金水平进行了较大程度的调整。贵州、陕西、黑龙江等地的基础养老金水平相对较低，基本维持在国家规定的最低水平上，调整幅度较小。因此，从整体上看，31 个省份的城乡居民基础养老金水平差别较大。

（三）城乡居民养老保险基金运营和管理

如何有效地运营和管理城乡居民养老保险基金，是保障和提高城乡居民养老保险待遇水平的关键。它既与养老金的资金流向有关，又与城乡居民的福利水平有关。在城乡居民养老保险体系中，目前政府补贴、集体补贴、个人缴费是保证系统正常运转的资金基础。

随着我国社保体系的不断完善，城乡居民养老保险体系也在不断完善，但随着社保基金规模的不断扩张，一些问题也逐渐暴露出来。根据《中国统计年鉴》有关数据可知，在基金的收入和支出方面，2021 年全国城乡居民养老保险基金实现了 5339 亿元的收入，较上年同期增长了 18%；支出 3715 亿元，较上年同期增长了 8%；基金的结余已达 11396 亿元，增长了 18%。从区域上看，31 个省份的基金累计余额都在不断增加，9 个省份的城乡居民养老保险基金的累计余额增加幅度很大，而上海、吉林、辽宁、黑龙江 4 个地区的城乡居民养老保险基金的增长幅度很小。

在基金运营方面，本研究采用累计结余额、基金支付率（基金收入额中基金支出额所占比例来表示基金支付率）、基金支出额、基金收入额这四个指标来说明中国各个省份在 2021 年的城乡居民养老保险基金的运行情况，具体见表 1-3 所列。其中，用基金支付率来度量一个地区的基金支付能力，它的数值越大，说明支付压力越大。从整体上看，在 2021 年，我国的城乡居民养老保险基金运营水平区域之间的发展并不均衡。见表 1–4 所列，有 13 个省份在 2021 年基金支付率超过 70%，有 15 个省份年度累计结余超过 200 亿元，西藏、宁夏低于 55 亿元。

表 1-3　2012—2021 年全国城乡居民养老保险基金收支情况

单位：亿元

年份	基金收入	基金支出	基金累计结余
2012	1829	1150	2302
2013	2052	1348	3006
2014	2310	1571	3845
2015	2855	2117	4592
2016	2933	2150	5380
2017	3304	2372	6318
2018	3838	2906	7250
2019	4107	3114	8249
2020	4853	3355	9759
2021	5339	3715	11396

资料来源：《中国统计年鉴》。

表 1-4　2012—2021 年全国 31 个省份城乡居民养老保险基金累计结余

单位：亿元

年份 省份	2012	2013	2014	2015	2016	2017	2018	2019	2020	2021
北京	89	101	117	128	139	147	156	166	170	180
天津	73	106	128	147	202	244	264	279	296	323
河北	93	133	169	211	249	291	339	409	485	576
上海	72	72	74	74	77	77	81	81	89	92
江苏	295	340	380	441	504	566	638	690	788	893
浙江	113	129	139	144	151	152	157	155	251	354
福建	46	64	83	103	124	144	166	196	231	262
山东	286	358	469	568	684	823	986	1126	1291	1506
广东	163	220	298	357	385	403	417	457	475	506
海南	10	15	20	35	51	65	83	102	114	138
山西	63	77	99	123	146	176	202	234	270	319
内蒙古	38	58	63	67	75	88	94	101	124	149
安徽	84	133	177	221	268	322	398	482	589	726
江西	49	40	90	110	137	175	219	253	305	351
河南	130	190	243	294	351	403	476	557	641	740

续表

省份\年份	2012	2013	2014	2015	2016	2017	2018	2019	2020	2021
湖北	73	108	136	166	202	248	306	374	445	526
湖南	68	111	144	184	222	271	312	364	411	493
陕西	64	91	122	149	171	193	223	257	300	341
广西	36	5	66	89	111	139	159	190	234	277
重庆	40	67	89	94	101	117	133	154	172	192
四川	161	215	255	303	352	442	488	531	633	786
贵州	28	44	60	76	91	110	124	136	154	187
云南	49	94	125	157	192	232	262	294	487	554
西藏	3	7	9	12	15	22	25	29	34	39
甘肃	51	53	78	96	114	139	167	194	250	298
青海	9	12	16	22	27	33	39	47	60	66
宁夏	9	12	16	19	23	27	32	37	43	51
新疆	25	34	43	52	62	74	88	107	127	150
辽宁	30	42	50	57	63	70	74	80	88	93
吉林	21	30	36	40	43	55	62	73	86	99
黑龙江	30	44	50	54	52	70	81	100	116	137

资料来源：《中国统计年鉴》。

在基金管理方面，我国的城乡居民养老保险基金有省级、县市级、逐步过渡三种统筹层次。31个省份的统筹方式各异，管理方式、方式也不尽相同，没有形成统一的管理体制。省级统筹只有重庆、广东、上海、天津、甘肃、湖南、西藏、湖北、陕西、北京、海南等11个地区。8个省份（新疆、四川、安徽、内蒙古、辽宁、山西、吉林、河北）为渐进式转型，另外有12个省份为市级和县级的统筹。

三、城乡居民养老保险的作用

（一）能够改善基本生活

城乡居民养老保险是由政府组织实施的一项社会保险制度，主要目标为保障城乡居民年老时的基本生活，具有缴费基数低、缴费档次多、保障力度大、受益人数多的特点。老人的赡养费用主要用于老人生活支出、医药费等，其中生活支出占绝大部分，由此可知，有了城乡居民养老保险作为保障，老年人可以更好地规划自己的退休生活，缓解财务压力，减轻城乡居民的养老负担，提高其生活水平和质量。同时，可以减轻居民当前现实的养老压力，并且在一定程度上改善老人的生活条件。因此，推行城乡居民养老保险制度，可以有效地减轻养老负担与家庭的总体生活压力，有利于改善居民整体生活质量，提高老年人的社会生活热情。也有研究指出，城乡居民社会养老保险可以强化居民对不确定风险因素的承受能力，让居民将更多的收入投入教育、旅游、医疗保健等方面①。

（二）有利社会和谐稳定

城乡居民养老保险制度是国家关爱老年群体的惠农惠民工程，对于构建和谐社会有着极其重要的作用，为全面建成小康社会提供重要保障和支撑，特别是对促进经济落后地区社会稳定、经济社会发展、民族团结起着重要作用。因此，经济效益越好、居民个人收入越高，所缴纳的保险费就越多，居民在退休后所能获得的基本养老金也越多。所以，国家通过城乡居民社会养老保险可以激发居民主观能动性，使居民可以创造更多的经济效益，也能充分开发居民的自身潜力，提升居民工作的积极性与创造性，并充分实现居民的自身价值。

（三）巩固脱贫攻坚成果，助力乡村振兴

为巩固脱贫攻坚成果、助力乡村振兴，各级城乡居民养老保险经办机构抢先机、优服务、高标准落实困难群体参保和代缴政策。对参加城乡居民养老保险，并处于缴费阶段的生活困难群体，各级城乡居民养老保险经办机构积极争取财政资金，确保资金按时足额到位。通过信息系统及时确认代缴对象及代缴金额，做到“确认一人代缴一人，实现应代缴尽代缴”的工作目标，切实减轻了生活困难群体经济负担。城乡居民养老保险机构持续做好困难群体参保、代缴工作，对符合参保条件的困难群体及时办理参保，可以确保困难群体应保尽保、应缴尽缴，有效实现全覆盖。

（四）促进文明生活新风尚形成

在传统养老模式下，老人的养老责任由子女承担。在生活条件较差的情况下，老人晚年生活质量无法得到有效保障。推行城乡居民养老保险制度可以在一定程度上改善老人晚年生活质量，促进和谐、幸福家庭生活的产生，有利于维护社会的稳定。建立城乡居民养老保险制度，是社会管理的制度创新，有利于发挥社会保障的再分配调节功能，改善低收入群众的生活质量，建立起缩小收入差距的长效机制，更公平地分配公共服务资源。城乡居民社会养老保险可以体现社会对居民付出的认可，居民的投入越多，即城乡居民社会养老保险缴纳额度越高，缴费的年限越长，将来的养老金越高，体现“多缴多得，长缴多得”的基本原则，引导人们形成新风尚。

---

① 杨迪．浅谈社会养老保险在企业人力资源管理中的作用［J］．中国商论，2020（22）：89-90.

第二章　城乡居民基本养老保险制度

第一节　城乡居民基本养老保险制度概述

一、城乡居民基本养老保险制度相关概念

（一）城乡居民基本养老保险制度

养老保险作为维系社会基本稳定的关键性保障制度，其改革历程构成了整个改革开放事业的重要组成部分。自1951年政务院颁布《劳动保险条例》以来，我国的养老保障体系格局发生了较大变化，形成了包括城镇各行业职工、机关事业单位职工、城镇居民以及新型农村社会养老保险等多种养老保险制度在内的行业新格局，但在新格局下我国养老保险制度也出现了新的社会问题，例如保险受众中存在人群分割、城乡分割、福利分割等不平等状况。

为了突破现行养老保险制度城乡二元结构的壁垒，建立城乡一体化的制度已迫在眉睫。2014年，国务院发文表示将我国城镇居民社会养老保险和新型农村社会养老保险融合成为城乡居民基本养老保险，由此我国覆盖面最广、受众最多的养老保险制度形成。参保对象为全国范围内16周岁及以上（不含在校学生）且未参保其他养老保险的城乡居民。政府引导下的保险基金由个人自缴、政府补贴、集体补助及社会资助等组成，但由于我国各省份集体补助制度尚未成熟，因此多数省份目前城乡居民养老保险基金筹措来源仅为个人自缴和政府补贴两方面。待遇支付模式为个人账户养老金结合基础养老金，由政府负责终身支付。记入个人账户的部分，包括个人自缴、政府补贴以及其他资助，按月度发放至具体受益人，基础养老金则由中央和地方政府按照规定比例共同发放。由此可见，中央和地方政府对于城乡居民养老保险的全额财政补贴，是政府对公民养老权益的有效保障，也是与城镇职工基本养老保险最大的不同。城乡居民养老保险的实施是我国基本养老保险制度破除城乡二元局面的重要环节，不仅有利于推进制度并轨新阶段，还有利于加快城乡一体化建设新征程。

（二）城乡居民基本养老保险财政补贴政策

财政补贴是由政府部门中的财政管理机关面向企业或者个人提供专项基金的补贴方式，从某种程度来说，是政府部门的一种调节举措，目的是达到某些特定的政治目标或经

济目标。国家财政通过干预基金分配环节进而调节居民生活和经济水平，从而优化社会资源配置。城乡居民基本养老保险再分配功能的实现主要依赖于财政补贴。在城乡居民养老保险缴费和养老金给付环节，中央财政和地方财政均会提供给参保人福利性资金支持。财政补贴政策鼓励参保人多缴多得、长缴多得，极大地提高了城乡居民的参保积极性，保障参保人老年高质量生活，推进城乡居民养老保险互济功能、公共服务均等化的实现。同时，这一政策的"半强制"属性还具有一定的社会警醒作用，在参保人有劳动力时应当未雨绸缪，预先为老年生活做好经济基础的建设工作，增强风险意识，防患于未然。

（三）城乡居民基本养老保险的制度背景

1. 城乡居民基本养老保险政策的起源

2011 年 7 月 1 日，在"新农保"的基础上，国务院决定以个人缴费与政府补贴的筹资模式在全国范围内试点推行城镇居民社会养老保险。个人缴费标准为 100～1200 元/年，每个档次间隔 100 元，共 12 个档次。国家补贴标准为全额支付与每人 30 元/年的补助相结合的方式。同时在一些地区，城镇居民社会养老保险与新型农村社会养老保险可以并轨施行。2014 年 2 月 7 日，为实现城乡一体化，建立统一的城乡居民基本养老制度，国务院决定合并新型农村社会养老保险和城镇居民社会养老保险。整合后，覆盖范围为年满 16 周岁（不含在校学生），非国家机关和事业单位工作人员及不属于职工基本养老保险制度覆盖范围的城乡居民，可以自愿在户籍所在地参保。缴费标准由原来的 100～1200 元/年变为 100～1000 元/年、1500 元/年，2000 元/年。政府补贴也有了新的变化，一是由原来的全额补贴更改为西部地区全额补贴，东部地区减半；二是地方政策对最低档次给予每人 30 元/年的补助，个人缴费为 500 元/年以上的，给予每人 60 元/年的补贴。2017 年 10 月 18 日，党的十九大报告指出，建立全国统一的社会保险公共服务平台，是实现统一的城乡居民基本医疗保险制度的重要一步，也是极为关键的一步。城乡居民基本养老保险，为我国城乡居民提供了平等的机会与权利，缩小了国家贫富差距，提升了养老保险的社会共济性，推动养老保险向更加公平的方向发展。

2. 城乡居民基本养老保险的制度设计

2014 年 2 月，中央政府正式出台《国务院关于建立统一的城乡居民基本养老保险制度的意见》，将城镇居民社会养老保险制度与新型农村社会养老保险制度合并实施，正式建立统一的城乡居民基本养老保险制度。合并后的城乡居民基本养老保险制度除基础养老金与缴费档次有所调整外，其模式设计、资金统筹、待遇发放标准等总体设计基本保持不变。城乡居民基本养老保险制度的参保范围和基金筹集概况如图 2-1 所示，城乡居民基本养老保险制度的待遇水平和领取条件概况如图 2-2 所示。

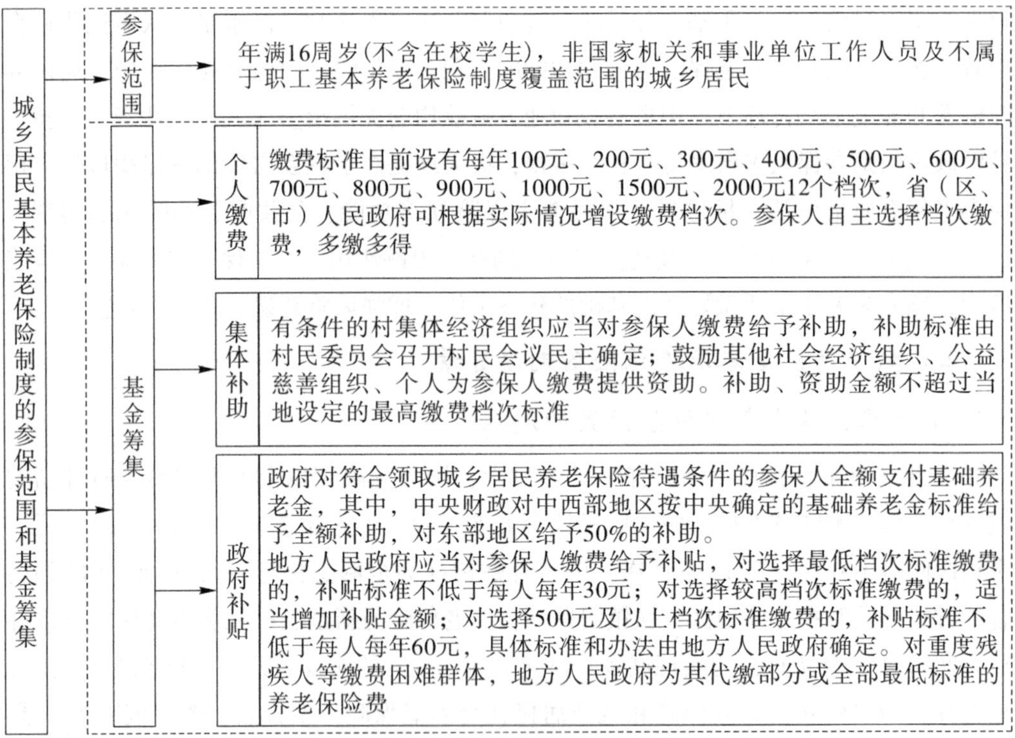

图 2-1　城乡居民基本养老保险制度的参保范围和基金筹集概况

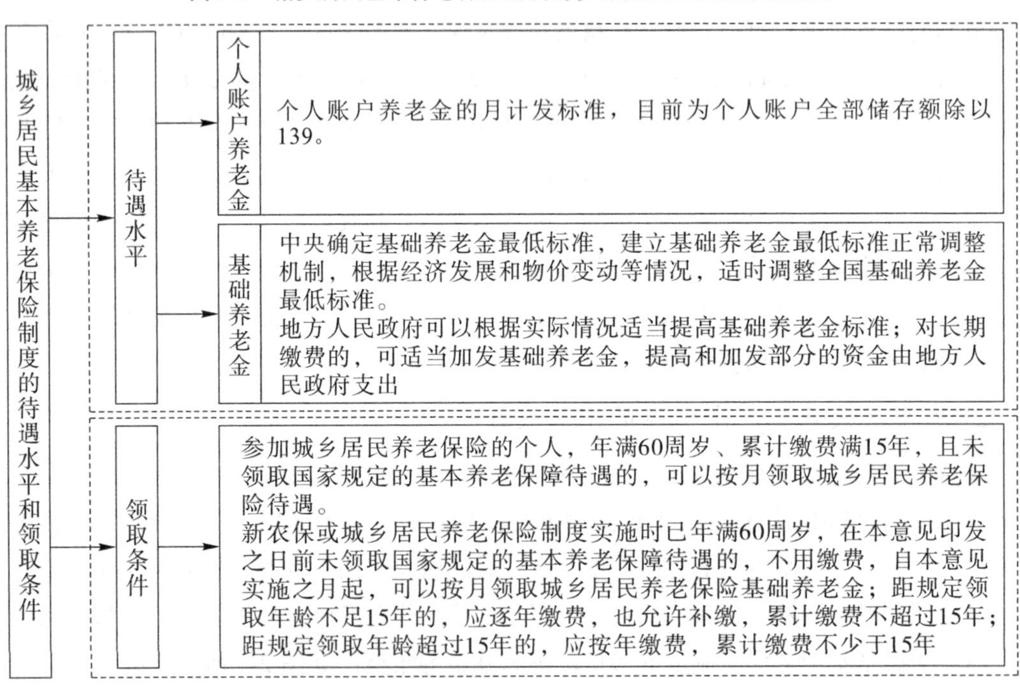

图 2-2　城乡居民基本养老保险制度的待遇水平和领取条件概况

3. 城乡居民基本养老保险规模变化

在城乡居民基本养老保险制度正式建立之前，新型农村社会养老保险制度的规模便在持续扩大，主要表现为覆盖面不断扩大，参保率不断提高。2009 年，新型农村社会养老保险参保人数达到 8691 万人。在地方政府的推动下，2022 年全国参与城乡居民基本养老保险的人数已经超过 5.5 亿人，占基本养老保险制度参与者的 52%，这一数字较 2009 年有了显著提升。随着社会的进步，城乡居民基本养老保险已经成为一项重要的社会福利，它不仅能够有效地维护和改善民众的生活质量，还能够有效地调节收入分配，应对人口老龄化，减轻城乡老年贫困，并且还能够提升城乡公共服务水平。

图 2-3 是 2018—2022 年基本养老保险参保人数变化趋势，可以看到随着我国养老保险制度不断发展，基本养老保险以及城乡居民基本养老保险的参与人数逐年增加，2018 年城乡居民基本养老保险参保人数 5.24 亿人，占基本养老保险总参保人数的 55.57%；2019 年城乡居民基本养老保险参保人数 5.33 亿人，占基本养老保险总参保人数的 55.06%；2020 年城乡居民基本养老保险参保人数 5.42 亿人，占基本养老保险总参保人数的 54.25%；2021 年城乡居民基本养老保险参保人数 5.48 亿人，占基本养老保险总参保人数的 53.31%；2022 年城乡居民基本养老保险参保人数 5.5 亿人，占基本养老保险总参保人数的 52.38%。由此可以发现，参加城乡居民基本养老保险的人数占我国基本养老保险参保人数的一半。

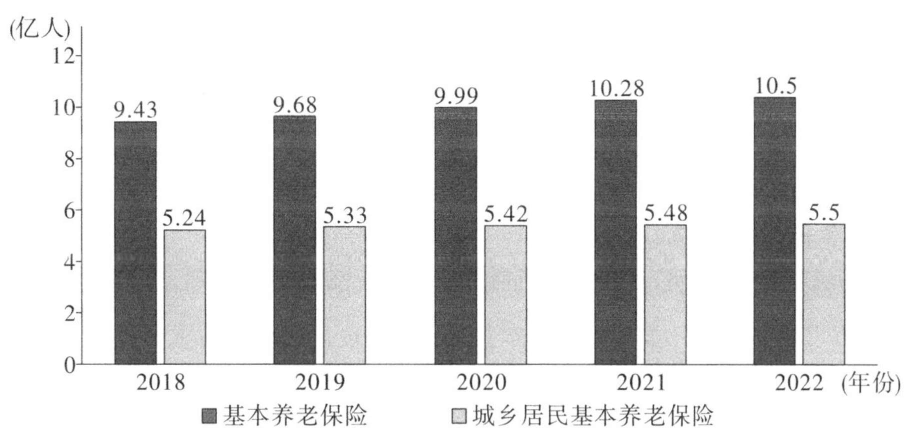

图 2-3 2018—2022 年基本养老保险参保人数

资料来源：国家统计局。

同时，我国社会保险基金支出不断增加。如图 2-4 所示，2017—2021 年，我国实际领取城乡居民基本养老保险保险金的人数持续增加，从 2017 的 15597.9 万人到 2021 年的 16213.3 万人。截至 2021 年年底，全年社会保险基金收入达 65793 亿多元，基金支出达 60197 亿元，其中城乡居民基本养老保险基金收入达 5339 亿余元，基金支出 3724.5 亿元，占比 6.19%，年末城乡居民基本养老保险基金结余达 11396 亿元。

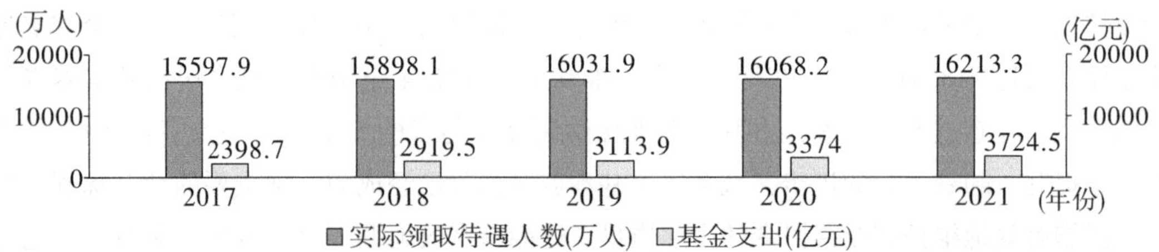

图 2-4　2017—2021 年城乡居民基本养老保险实际领取待遇人数和基金支出

资料来源：人力资源和社会保障部。

4. 城乡居民基本养老保险覆盖范围

2014 年 2 月 7 日，国务院常务会议经过研究，决定建立一个覆盖城乡居民的统一养老保险制度，即城乡居民基本养老保险制度。截至 2015 年年末，我国各省均已发布统一城乡居民基本养老保险制度政策文件。城乡居民基本养老保险覆盖所有年满 16 周岁的居民，不包括在校学生和被职工基本养老保险覆盖的城乡居民。养老保险采用个人缴费、集体补助和政府补贴相结合的方式，并通过基础养老金和个人账户养老金的方式来支付。参保人在缴纳养老保险费用时，可以享受多缴多补、长缴多得的政策，包括个人账户储存额计发的养老金，以及中央和地方政府提供的补贴，以及其他形式的福利待遇。如果参保人年满 60 周岁，累计缴费满 15 年，且未领取国家规定的基本养老保障待遇，则可以按月领取城乡居民养老保险待遇。

二、城乡居民基本养老保险制度基本政策

（一）参保缴费政策

参保缴费政策明确了参保条件和缴费标准。年满 16 周岁（不含在校学生），非国家机关和事业单位工作人员及不属于职工基本养老保险制度覆盖范围的城乡居民，可以在户籍地参加城乡居民基本养老保险。参加城乡居民基本养老保险的人员应按规定缴纳养老保险费，城乡居民基本养老保险的缴费档次在制度实施时设为 100~1000 元、1500 元、2000 元 12 个档次，在此基础上，省（区、市）人民政府还可依照区域经济发展状况合理增设缴费档次，而各参保人员可根据自身经济状况自主选择缴费档次，由此展现以人为本的政策理念。

（二）财政补贴政策

保证城乡居民基本养老保险制度顺利实施的根本在于财政补贴是否到位。对此，政府出台了财政补贴政策，具体由中央财政补“出口”（基础养老金）、各地方财政补“进口”（缴费），采取双补贴的方式促进城乡居民养老保险制度的落实。各级政府须对符合领取城乡居民养老保险待遇标准的参保人员支付全额基础养老金，参考相关政策标准，针对不同地区实施相应的补贴政策。在财政补贴政策的积极鼓励下，各地方政府应依照当地发展情况适当提高基础养老金的水平，实际资金可由地方财政承担。地方政府也应当对参保人给

予补贴，如针对最低档次缴费的居民，各地方政府可参考补贴标准予以每人每年不低于30元的补助；针对500元/年及以上的高档缴费标准的居民，可予以每人每年不低于60元的补助。

（三）个人账户政策

为了保障个人养老保险金的安全性，维护城乡居民的合法权益，国家出台了个人账户政策，创建了养老保险基金的个人账户，经办人员和各参保人员可在养老保险金的个人账户中查询个人缴费信息、政府补贴金额和集体补助金等相关信息。其数据庞大，可在参保人或政府相关部门进行审核和调查时提供详细数据，通过实账管理，实现个人账户权益的保护。在不断完善城乡居民基本养老保险制度的背景下，当前个人账户的储存额度须依照国家规定计息，且个人账户的资金余额可在参保人死亡后依照法律规定继承，无须再削减政府补贴部分。

（四）基金管理政策

为了提高城乡居民基本养老保险的管理水平，还须落实基金管理政策，将城乡居民基本养老保险基金归纳至社会保障基金财政专项专户中，采取"收支两头抓、两条线"的管理模式，以单独记账、独立核算的方式对基础养老金和个人账户基金进行分账管理，以此实现基金专项专用的管理目标。在此过程中，相关管理人员需注意，城乡居民的个人账户基金不可用于发放基础养老金，应切实保障基金管理政策的有效性和适应性，为逐步落实基金省级管理提供有力的支持。

（五）待遇计发政策

待遇计发政策主要明确了城乡居民领取待遇的实际年龄（年满60周岁）、缴费年限（累计达15年）等指标，参保人员需在满足待遇计发政策的规定标准后才能获得相应待遇。但是，适龄的城乡居民应先依照国家规定参保，并履行缴费义务才能获取相应待遇。若新农保和城乡居民养老保险制度实施时已年满60周岁，那么其不用缴纳保险费便可直接领取养老金，60周岁以下的人员仍需要逐年缴费才能享受补贴待遇。

三、城乡居民基本养老保险制度特征

我国的社会养老保险制度一直存在"碎片化"现象，即城乡分割、地域分割、身份分割，缺乏统一性、整体性。这种现象也造成了待遇的不公平性，制度混乱、保障差距过大等问题，不利于我国养老保险制度的可持续性发展，社会养老保险逐步走向统一也是必然趋势。因此，为了解决农村居民与城镇居民中无固定收入的居民社会养老保障问题，实现老有所养，城乡居民基本养老保险制度进行了长时间探索。而在2014年2月21日，国务院正式下发《关于建立统一的城乡居民基本养老保险制度的意见》（国发〔2014〕8号，以下简称意见），宣布正式建立城乡统一居民养老保障制度。换言之，该项制度就是将2009年开始推行的新型农村社会养老保险与2011年的城镇居民社会养老保险合并实施，并与职工基本养老保险制度相衔接。文件的颁布标志着我国开始建立城乡统一的社会养老保险制度。这是基本养老保险制度改革的重要一环，更是迈出瓦解城乡二元结构的重要一步，对我国实现基本公共服务均等化具有里程碑式的重大意义。

与新农保、城镇居民养老保险基本一致的是，城乡居民基本养老保险同样实行社会统筹与个人账户相结合的制度模式，并建立“个人缴费+集体补助+政府补贴”多元化的筹资方式。养老金待遇也是由基础养老金与个人账户养老金共同构成的。但与此同时，城乡居民基本养老保险也有其改革与创新之处，具体有以下几个方面。

第一，制度设计更强调公平性。城乡居民基本养老保险合并推行本身就是公平的重要体现，在制度设计之初也明确社保体系建设的重点，将“增强公平性”放在首要位置。为坚持公平性原则，合并后的城乡居民基本养老保险对于参保范围作出了明确的规定，将原本未包含在基本养老保险覆盖范围的人员全部纳入，扩大覆盖范围，杜绝捆绑参保。同时，原有新农保与城镇居民养老保险规定参保人死亡，个人账户中的政府补贴无法继承。而城乡居民养老保险则不再剔除补贴的部分，可以全部继承。此外，意见中还鼓励结合本地实际情况，积极探索丧葬补助金制度，减轻家庭负担。以上都是合并制度设计更加公平的具体体现。

第二，制度设计更着力提升保障能力。城乡居民养老保险合并后，保障水平较原有新农保、城镇居民养老保险有较大提高。首先，基础养老金标准上调。中央与地方政府财政支持力度加大，自2018年调整为88元后，在2020年再一次提升全国基础养老金最低标准，上调至93元，并且逐步建立完善养老金待遇正常调整机制，地方财政基于实际情况对基础养老金、弱势群体帮扶等支持不断加强。其次，对缴费档次进行统一规定并适当提高。城乡居民基本养老保险在新农保与城镇居民养老保险的基础上增设了1500元、2000元两个档次，且部分经济发达地区可达到5000元，这为有缴费意愿和能力的参保人员提供更多选择，养老金水平能够得到提高。最后，调整基金运行政策。新农保与城乡居民养老保险在个人账户计息上均参考中国人民银行公布的金融机构一年期存款利率，而城乡居民基本养老保险则按国家统一规定计息，并且基金管理由县级逐步转为由省级进行统一管理运营，在一定程度上能够更好地保障基金的增值。同时城乡居民养老保险覆盖率的提升也带来了基金规模的不断扩大，抵御风险的能力得到提升，从而能更好地维护了参保人员的利益，提高了保障水平。

第三，制度设计更切合流动性要求。制度设计与推进在“适应流动性”方面也有更多的倾向。意见中针对缴费期间户籍迁移或需要参保关系转移的人员明确提出了具体计算方案，这对于流动人员的权益保护具有重要意义。同时在《城乡养老保险制度衔接暂行办法》中针对城镇职工基本养老保险与城乡居民基本养老保险两种制度的人员办理跨制度衔接作出了明确规定，指出由城乡居民基本养老保险转入城镇职工基本养老保险的参保人员，其缴费年限不能合并计算或折算，而反之缴费年限则需要进行合并计算。此制度设计更有利于转入城镇职工养老保险的参保人员，从一定程度上可以引导城乡居民参与，尤其是对农民工进城留城创造保障条件，进而适应了流动性要求，更推动了城镇化进程。

四、我国基本养老保险制度结构

（一）城镇职工基本养老保险制度结构

自20世纪90年代开始，我国开启了城镇职工养老保险制度改革。1991年，国务院颁布《关于企业职工养老保险制度改革的决定》，提出费用分担、社会统筹的改革目标。1997年，国务院颁布《关于建立统一的企业职工基本养老保险制度的决定》，统一规范了企业和职工的缴费比例、个人账户规模、计发办法等，这一文件的出台标志着企业职工基本养老保险制度基本确立。与此同时，1992年，人事部发布《关于机关事业单位养老保险制度改革有关问题的通知》，开启了机关事业单位养老保险制度改革，但是进展缓慢。直到2015年，国务院颁发《关于机关事业单位工作人员养老保险制度改革的决定》，统一了企业和机关事业单位的基本养老保险制度。职工基本养老保险因其覆盖范围广泛、保障水平合理、制度规范，成为我国基本养老保险制度的核心和主体。

1. 参保范围

全覆盖是养老保险制度一个重要目标，覆盖面反映了多少人受到制度的保护，多少人被排斥在外，是衡量养老保险制度公平性的一个重要指标。改革之初，城镇职工基本养老保险仅覆盖全民所有制企业及其职工。1997年，养老保险的参保范围扩大到各类所有制企业。2005年，进一步提出鼓励个体工商户和灵活就业人员参保。随着城镇职工基本养老保险制度的改革完善，其覆盖面已扩大到国有企业、私营企业、个体工商户等各类所有制企业及劳动者。

2. 筹资机制

城镇职工基本养老保险制度实行社会统筹和个人账户相结合的方式，其中，企业缴费存入统筹账户，实行现收现付制，具有再分配性质，个人缴费存入个人账户，实行基金积累制。在较长一段时间，企业费率为20%，个人费率为8%。灵活就业人员参保的缴费基数一般为当地上年度在岗职工平均工资，费率为20%，其中8%记入个人账户。除了企业和个人缴费外，财政补贴在城镇职工基本养老保险中也占有很大比重。由于企业养老保险费率过高，并且地区之间差距大，造成很多负面影响。2016年，人力资源和社会保障部等部门颁布《关于阶段性降低社会保险费率的通知》，开始逐步降低社会保险费率。2019年，国务院办公厅发布《关于印发降低社会保险费率综合方案的通知》，进一步将基本养老保险单位缴费比例由20%降至16%，并且将就业人员的平均工资计算口径由原来的城镇非私营单位就业人员平均工资改为全口径城镇单位就业人员平均工资，降低了部分参保人员和企业的社保缴费基数。

3. 给付结构

目前，我国法定退休年龄政策是沿用20世纪50年代制定的标准，男性为60岁，女工人为50岁，女干部为55岁。在特殊行业或岗位，如从事井下、高空、有害身体健康的工作等，及其他一些特殊情形可以提前或者延迟退休年龄。相比现在的预期寿命，退休年龄显得偏低，因此延迟退休年龄已成为重要的研究和政策议题。符合年龄条件，并且企业职工累计缴费满15年，可以享受养老金待遇。基本养老金由基础养老金和个人账户养老金组成。基础养老金为待遇确定型，给付是以统筹地区上年度在岗职工月平均工资和本人指数化月平均缴费工资的平均值为基数，缴费每满1年发给1%。个人账户养老金为缴费确定型，个人账户养老金根据个人账户储存额除以计发月数计算。经过2005年国务院《关于完善企业职工基本养老保险制度的决定》关于计发方式的改革，多缴多得、长缴多得的激励机制成为职工基本养老保险计发的基本原则。为保障退休人员的基本生活、分享经济发展的成果，建立养老金待遇正常的调整机制是养老保险制度的重要内容。1991年，我国城镇职工养老保险改革之初即提出：国家根据城镇居民生活费用价格指数增长情况、参照在职职工工资增长情况对基本养老金进行适当调整。2005年以来，国务院每年都会发布文件对退休人员的养老金进行调整。实践中通常由中央进行总体控制，各地根据实际情况，按照定额调整、挂钩调整和适当倾斜相结合的办法制定具体的调整政策。

（二）城乡居民基本养老保险制度结构

在城镇职工养老保险制度改革的同时，农村地区也开始了养老保险制度的探索。1992年，在前期试点的基础上，民政部制定《县级农村社会养老保险基本方案》，在符合条件的县正式启动农村社会养老保险工作。1997年，全国参保农民人数达到8000万人。1998年，国家整顿金融秩序，农村养老保险陷入暂停整顿阶段。1999年，国务院提出要在农村发展商业保险，但商业保险费用高，在农村推行并不成功。2002年，党的十六大提出了在有条件的地区探索建立农村养老保险制度。2009年，国务院确立了在全国10%的县（市、区）开展新型农村社会养老保险试点。2011年，城镇居民社会养老保险制度开展试点。两项制度很快在全国范围推广，并于2014年合并实施，实现了城乡居民基本养老保险制度的统一。

1. 参保范围

根据《国务院关于建立统一的城乡居民基本养老保险制度的意见》（国发〔2014〕8号）规定，16周岁以上的城乡居民（不包括在校学生），未参加职工基本养老保险的，可以在户籍地参加城乡居民基本养老保险。不同于城镇职工基本养老保险，城乡居民基本养老保险采取自愿参保的形式。至此，城镇职工基本养老保险之外的城镇居民和农村居民都被制度覆盖，实现了基本养老保险制度上的全覆盖。

2. 筹资机制

城乡居民基本养老保险在制度模式上参照城镇职工基本养老保险，也由社会统筹和个人账户组成，不同于国外流行的非缴费型养老金制度。城乡居民基本养老保险基金由个人缴费、政府补贴和集体补助构成。统一后的城乡居民基本养老保险年缴费标准分为100元至2000元共12个档次，各省份也可以增设缴费档次。区别于此前农村社会养老保险政策，城乡居民基本养老保险制度重要的变化是增加了政府的筹资责任。政府补贴分为给付补贴和缴费补贴，具体而言，政府对符合待遇领取条件的参保人全额支付基础养老金。其中，中央财政对中西部地区给予全额补助，对东部地区给予50%的补助。地方政府对参保人员缴费给予补贴、为缴费困难群体代缴养老保险费。个人缴费、财政补贴和集体补助等都记入个人账户。

3. 给付结构

城乡居民基本养老保险参保人，年满60周岁、累计缴费满15年，可按月领取城乡居民基本养老保险待遇。城乡居民基本养老保险待遇由基础养老金和个人账户养老金组成。其中基础养老金由中央和地方确定标准，并根据城乡居民收入增长、物价变动和职工基本养老保险调整情况等因素适时进行调整。2020年，城乡居民基本养老保险全国基础养老金最低标准提高到每人每月93元。个人账户养老金计发标准为个人账户储存额除以计发月数。除基本养老金外，政策还鼓励各地探索丧葬补助金制度。

五、人口老龄化对养老保险制度变迁的影响

（一）我国养老保险制度的制度变迁历程

制度变迁是指旧制度的改变或新制度的产生并替代旧制度的动态过程，其类型有两种，分别是自下而上进行的诱致性变迁与自上而下推行的强制性变迁。我国的养老保险制度变革明显体现出强制性变迁的特征。第一，强制性变迁的目的是为经济快速发展提供一个良好的制度环境。在新中国成立初期，社会生产力落后，经济发展缓慢，因此国家建立了以保障城镇体制内劳动者为目标的社会保障体系，目的在于保证劳动力要素供给的稳定性，有利于实施以重工业优先发展为核心的赶超型工业化战略。后又根据计划经济体制的需要，采用国家—单位（企业）保障模式，由国家和单位共同承担社会保障责任，城镇居民无偿享受相关待遇。第二，强制性变迁不因市场经济主体不理解或者反对而更改制度设计。改革开放后，我国的经济发展水平不断提高，随着经济体制改革的推进，社会保障制度逐渐由国家一手包办向社会化转型。1993年通过的《关于建立社会主义市场经济体制若干问题的决定》启动了社会保障制度改革的进程，出台了包括"城镇职工养老和医疗保险金由单位和个人共同负担，实行社会统筹和个人账户相结合"在内的多项重要政策。这一制度转轨过程变革范围广、速度快、力度大。近40年间，中国社会保障经历了全面而深刻的制度变革，养老保险制度从理念到实践，均发生了巨大变革。从理念上来看，实现了从依赖国家单一保障到多元承担责任认知的飞跃；从实践上来看，实现了覆盖范围从仅涵盖机关事业单位及国企职工到包含全体城乡居民、从计划经济体制下国家—单位（企业）保障模式发展到市场经济体制下统账结合的养老保险模式以及由单支柱养老保险到多支柱养老保险的新变革等。"十四五"规划中明确提出"实施积极应对人口老龄化国家战

略”，深度老龄化社会迅速到来的新国情意味着对养老保险制度的变革提出了新的需求。因此，结合人口老龄化这一社会现状，对探讨未来我国养老保险制度变革的前进方向与实践模式具有重要意义。

（二）人口老龄化现状及发展趋势分析

20 世纪 70 年代以来，我国实施了强有力的计划生育政策，有效遏制了人口的爆发式增长导致的人口结构发生剧烈变化，同时由于经济发展水平、医疗技术水平、生活待遇水平的不断提高，人均预期寿命不断延长，使得我国在人均收入水平还相对较低的情况下提前进入了老龄化社会。我国的人口老龄化具有规模大、增速高、未富先老三个基本特点。从表 2-1 可以看出，60 岁及以上人口总数从 2013 年的 20243 万人增至 2020 年的 26402 万人，增加了 6159 万人，所占比例由 14.90%增至 18.70%，上升了 3.8%，这些数据直接呈现出我国的人口老龄化不仅规模持续扩大，而且增速持续攀升的特征。除此之外，65 岁及以上人口占 60 岁及以上人口比例从 2013 年的 65.00%上升到 2020 年的 72.20%，可见老龄人口呈现出显著的高龄化特征与趋势。与此同时，与西方发达国家相比，由于我国经济发展水平与人口老龄化的水平尚不匹配，老龄化超前于现代化，养老保障和医疗保障水平均未达到国际平均水平，老年人口的高龄、失能和空巢化致使未富先老问题越发严峻。根据联合国人口开发署预测，中国 65 岁及以上人口数量将在 2050 年达到 3.34 亿人，许多国内学者的测算也表明，未来 10 年到 30 年内，我国的老龄化情况都将不断加快加深①。

表 2-1　2013—2020 年中国老龄人口比例

年份	60 岁及以上人口数量/万人	60 岁及以上人口比例/%	65 岁及以上人口数量/万人	65 岁及以上人口比例/%	65 岁及以上人口占 60 岁及以上人口比例/%
2013	20243	14.90	13161	9.70	65.00
2014	21242	15.50	13755	10.10	64.80
2015	22200	16.10	14386	10.50	64.80
2016	23086	16.70	15003	10.80	65.00
2017	24090	17.30	15831	11.40	65.70
2018	24949	17.90	16658	11.90	66.80
2019	25388	18.10	17603	12.60	69.30
2020	26402	18.70	19064	13.50	72.20

资料来源：国家统计局。

（三）人口老龄化对养老保险制度变迁的影响

人口老龄化意味着老龄人口比重不断上升，劳动人口相对缩减，经济活动人口比重不断下降，劳动人口需要赡养的老龄人口数量不断增加，即老年人口抚养比（赡养率）不断

① 翟振武，陈佳鞠，李龙．2015—2100 年中国人口与老龄化变动趋势［J］．人口研究，2017，41（4）：60-71.

上升。见表 2-2 所列，联合国人口司《世界人口展望 2015》预测，我国总抚养比中平均每年上升 0.8%，2035 年将突破 50%，抚养比上升给劳动人口带来的经济负担将使现行统账结合的养老保险制度中个人承担的供款压力上升，从而对养老保险制度的良性发展产生负面影响。

表 2-2　1950—2050 年我国人口负担系数

年份 不同年龄负担系数	1950	1960	1970	1980	1990	2000	2010	2020	2030	2040	2050
0~14 岁负担系数	54. 10	69. 15	71. 00	59. 42	41. 48	36. 35	28. 27	27. 09	25. 69	26. 14	26. 37
65 岁以上负担系数	7. 23	8. 59	7. 70	7. 95	8. 35	10. 02	11. 34	16. 77	23. 95	35. 11	37. 50
总负担系数	61. 33	77. 74	78. 70	67. 37	49. 83	46. 37	39. 61	43. 86	49. 65	61. 25	63. 87

资料来源：联合国人口司。

人口老龄化代表着老龄人口规模不断增大，对养老金的需求持续增大。在人均养老金待遇保持不变的情况下，总养老金支付规模将会快速增加，对养老金的保值增值提出了挑战①。有学者通过建立城镇职工基本养老保险收支模型，得出在当前政策下，养老金入市的效益无法完全弥补日益增长的养老保险基金缺口，缴费人数与养老金领取人数的数量结构性失衡则是养老金收支缺口难以有效弥合的主要原因②。

人口老龄化会促使养老保险基金筹资模式发生转换，当一个国家或地区人口年龄结构比较年轻或比较稳定时，一般采取现收现付模式。现收现付模式的实质是对养老金的完全代际转移，容易造成劳动人口代际矛盾激化，而随着人口年龄结构老化，往往采用部分积累或完全积累模式来进行养老保险基金的筹集。改革开放以来，我国的养老保险制度实行部分积累模式，即社会统筹与个人账户相结合模式，统筹账户用于现收现付当期养老金，个人账户用于基金的储备性积累。当统筹账户资金不足以支付当期养老金时就会动用个人账户资金弥补缺口，实质上还是变相的现收现付模式，而人口老龄化程度的加深则会使这种情况出现的可能性大大提高。

综上所述，人口老龄化水平越高，养老保险基金的支付压力越大，对养老保险基金筹资机制的改进要求越迫切。因此，对于一个“未富先老”的国家而言，人口老龄化对养老保险制度的持续发展不仅具有沉重的筹资压力，而且对该制度的变革存在着强烈的助推效应。

① 刘小果，周毕芬，丁雪儿．基于因子分析的我国社会保险制度绩效评价——以 2013 年的数据为例［J］．石家庄铁道大学学报（社会科学版），2016，10（3）：12-18.

② 孙健，王君．城镇职工基本养老保险基金收支缺口下的财政风险——以“养老金入市”最优化投资组合配置为考察视角［J］．江汉学术，2021，40（4）：44-53.

第二节 城乡居民养老保险制度收入再分配影响机制

一、城乡居民养老保险制度收入再分配的宏观影响机制

分析城乡居民养老保险制度收入再分配的宏观影响机制，首先要找准各类影响因素。从制度发展的逻辑出发，围绕城乡居民养老保险筹资缴费与待遇给付两个端口分析社会经济环境特征因素如各地区经济发展水平、人口年龄结构，制度特征因素如中央和地方的财政补贴差异、制度基金投资收益状况等对城乡居民养老保险制度收入再分配的不同影响。

整体而言，如图 2-5 所示，在社会经济环境特征因素中，地区经济发展水平作为制度发展前提，直接决定着城乡居民养老保险制度的财政投入水平，而地区人口年龄结构状况作为外部压力传导因素，使城乡居民养老保险制度面临长寿风险冲击。制度特征因素方面，央地差异化的财政补贴政策，致使各地城乡居民养老保险制度在发展过程中面临政策博弈与选择执行困境，从而产生财政的预算软约束；制度基金过低的投资收益水平与统筹管理层次，引致基金隐形缩水。而这些问题又通过制度筹资缴费与待遇给付两个端口影响基金支付的可持续性与制度扩面的公平性，最终影响制度的收入再分配功能。

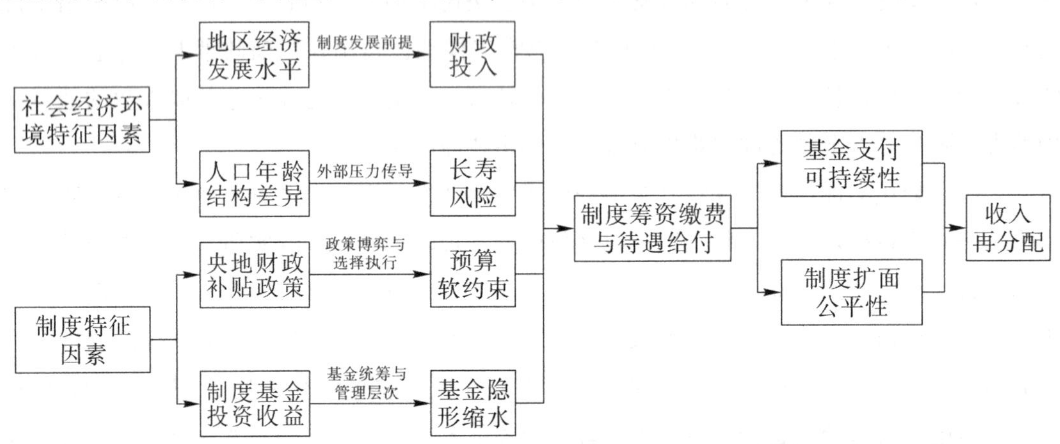

图 2-5 城乡居民养老保险制度收入再分配影响机制理论模型

（一）经济发展水平对城乡居民养老保险制度收入再分配的影响

经济发展水平是政府财政收入来源的根本保障，财政投入又是确保城乡居民养老保险制度待遇水平的基本前提。同时，经济的稳定增长，也有助于金融市场的稳定，保证养老金投资运营的收益，促进居民个人账户养老金财富的积累。改革开放以来，我国经济高速发展，国家财政收入从 1978 年的 1132 亿元增加至 2020 年的 182895 亿元，全国居民人均可支配收入从 1978 年的 171 元增加至 2020 年的 32189 元，城乡居民恩格尔系数分别从 1978 年的 57.5%和 67.7%，下降到 2020 年的 29.2%和 32.7%。随着经济实力的不断提升，国家对社会保障的投入力度不断加大，社会保障与就业支出占全国财政总支出的比重

不断上升，从而拉动社会保障水平稳步上升，这为改善城乡居民收入分配结构奠定了坚实基础。具体到城乡居民养老保险制度，从20世纪90年代个别地方试点的农民自我储蓄式老农保制度破产，到2009年"中央一号文件"提出"建立个人缴费、集体补助、政府补贴的新型农村社会养老保险制度"，再到2014年新农保制度与城镇居民养老保险制度合并实施，城乡居民养老保险制度已实现从制度全覆盖向人群全覆盖的跨越式发展。然而，城乡居民养老保险制度的碎片化制约了该制度更好发挥收入再分配效应。这一困境突出表现为：一是城乡居民养老保险制度与其他社会保障项目的巨大待遇差距。以2020年为例，全国城乡居民养老金待遇为人均174元/月，而城镇职工养老金待遇为3349元/月，后者是前者的19倍，其中差距最大的三个省份依次为贵州31倍，山西29倍，河北27倍，城乡居民养老待遇水平甚至还低于农村低保标准496元/月及城镇低保标准678元/月，如表2-3所示①。从待遇增长幅度来看，2014-2020年城乡居民养老保险待遇增加85元/月，城镇职工养老保险待遇增加1240元/月，城乡居民人均可支配收入增加1250元/月，前者显著低于后两者。二是不同地区城乡居民养老保险待遇差异显著。我国经济最发达的省份集中在东南沿海地区，尤其是珠三角和长三角地区。广东、江苏、浙江、山东、福建、上海、北京7省（市）是当前中国经济最发达的地区，国土面积只占全国约5%，GDP却占据半壁江山。经济最不发达的省份则集中在西部地区。与之对应，2020年，城乡居民养老金最高的地区上海为1338元/月，是最低地区贵州省111元/月的12倍多。由此可见，地区经济发展差异已显著影响城乡居民养老保险制度发展，造成养老金待遇突出的中高收入偏向型、城市偏向型等不平等特征，进一步对居民收入差距产生"逆向分配"或"逆向调节"效应②。

表2-3　2020年各省市城乡居民养老保险待遇比较

省份	人均GDP（元/年）	城镇职工养老保险待遇水平（元/月）	占城镇在岗职工平均工资水平的比重（%）	城乡居民养老保险待遇水平（元/月）	占城乡居民人均可支配收入的比重（%）	城镇低保水平（元/月）	农村低保水平（元/月）
全国	72000	3349	–	174	–	678	496
北京	164889	5227	35.2	579	10.0	1170	1170
天津	101614	3772	39.5	486	13.3	1010	1010
河北	48564	3439	53.4	125	5.5	705	458
山西	50528	3865	62.1	133	6.3	593	442
内蒙古	72062	3402	47.9	202	7.7	726	520

① 强国民，丁建定．中国养老保险效率区域差异及其影响因素研究——基于"职保"与"居民养老保险"比较的视角［J］．江西财经大学学报，2020（1）．

② 尹成远，仲伟东．城乡居民基本养老保险制度效率省域差异及其影响因素［J］．现代财经（天津财经大学学报），2021，41（8）．

续表

省份	人均 GDP（元/年）	城镇职工养老保险待遇水平（元/月）	占城镇在岗职工平均工资水平的比重（%）	城乡居民养老保险待遇水平（元/月）	占城乡居民人均可支配收入的比重（%）	城镇低保水平（元/月）	农村低保水平（元/月）
辽宁	58872	3049	46.0	148	5.4	669	459
吉林	50800	2728	42.0	122	5.7	546	364
黑龙江	42635	3006	48.4	151	7.3	613	387
上海	155768	4762	33.2	1338	22.2	1240	1240
江苏	121231	3081	35.7	269	7.4	766	752
浙江	100620	3172	35.0	315	7.2	882	879
安徽	63426	3080	43.1	134	5.7	641	634
福建	105818	3541	48.2	162	5.2	686	681
江西	56871	2709	41.6	131	5.6	708	475
山东	72151	3494	47.8	182	6.6	733	558
河南	55435	3098	52.9	126	6.1	584	379
湖北	74440	3163	44.6	155	6.7	666	497
湖南	62900	2870	43.5	141	5.8	588	417
广东	88210	3883	43.1	245	7.2	874	694
广西	44309	3392	49.2	135	6.6	754	444
海南	55131	3368	46.7	219	9.4	563	436
重庆	78170	2558	32.7	147	5.7	620	5.3
四川	58126	2730	37.0	159	7.2	613	434
贵州	46267	3549	47.7	111	6.1	645	385
云南	51975	3612	46.5	127	6.5	645	382
西藏	52345	9471	93.9	217	12.0	871	378
陕西	66292	3914	56.2	146	6.7	633	425
甘肃	35995	3396	51.1	131	7.7	578	375
青海	50819	4802	56.8	254	12.7	638	390
宁夏	54528	3510	43.2	226	10.5	606	388
新疆	53593	4026	56.0	180	9.1	513	396

资料来源：《中国统计年鉴》。

（二）人口年龄结构对城乡居民养老保险制度收入再分配的影响

人口年龄结构作为影响城乡居民养老保险制度收入再分配功能的外部压力因素，理论上，随着人口年龄结构的老化，参保缴费的年轻群体不断减少，领取待遇的老年群体不断增加，社会养老保险制度面临巨大的长寿风险。由于经济社会的不断发展与医疗技术的不断进步，我国人口平均预期寿命已由1978年的65.9岁增加至2022年的77.3岁，其中，男性由64.5岁增加至73.7岁，女性由67.3岁增加至79.5岁。与此同时，由于计划生育政策的实施以及人们生育观念的转变，我国人口出生率已由1978年的18.2‰降低至2021年的7.5‰。上述两个方面因素对人口年龄结构的影响便是老龄化水平快速攀升，我国60岁及以上老年人口已由2000年的1.26亿人增加至2020年的2.48亿人，老龄化水平从10%增长至17.17%，老年抚养比由2000年的9.9%上升至2020年的19.7%，这一转变意味着传统人口红利逐渐式微，社会养老负担逐步增加，由此也带来对经济社会发展的挑战。此外，我国人口老龄化还突出表现为老年人口规模大，老龄化发展速度快，老龄化地区发展不平衡，农村老龄化程度高于城镇等特点，这与中国"未富先老""未备先老"的严峻形势形成鲜明对比。虽然近年来我国城乡居民养老保险缴费人数在不断增加，但基金缴费收入的增长幅度却小于基金支出的增长幅度，如表2-4所示。可以预见，未来城乡居民养老保险的制度抚养比将会快速增长。从制度的筹资结构来看，目前城乡居民养老保险参保个体往往选择最低的缴费档次参保。以2020年为例，城镇职工养老保险基金缴费收入为28967.83亿元，占基金总收入的65%；城乡居民养老保险基金缴费收入为1262.12亿元，占基金总收入的26%。前者数额是后者的22.95倍①。从城乡居民养老保险个人账户养老金计发年限来看，根据现有居民人口平均预期寿命的数值和增长态势，绝大部分老年群体会超过当前个人账户11.58年的待遇领取计发年限上限。由此可见，快速老龄化的人口年龄结构势必会对城乡居民养老保险基金造成冲击，影响制度的可持续运行和收入再分配效应的发挥，致使制度陷入待遇给付增长、财政压力增加与居民养老预期相互叠加的矛盾发展困境②。

表2-4　2014—2020年城乡居民养老保险制度收支情况比较

年份	参保人数（万人）	待遇领取人数（万人）	基金收入（亿元）				基金支出（亿元）	基金结余（亿元）
			居民保险基金收入	居民保险缴费收入	职工保险基金收入	职工保险缴费收入		
2014	50108	14313	2310	682	25310	20434	1571	3845
2015	50472	14800	2855	699	29341	23016	2117	4592
2016	50847	15270	2933	738	35058	26768	2151	5385
2017	51255	15598	3304	830	43310	33403	2372	6318
2018	52392	15898	3838	881	38866	38813	2906	7250
2019	53266	16032	4107	1000	52631	39515	3114	8249
2020	54244	16068	4853	1262	44634	28968	3355	9759

资料来源：《中国统计年鉴》。

① 张国海，阳慧．制度缺憾、有限理性与城乡居民养老保险缴费［J］．经济问题，2019（12）．
② 宫晓霞．财政支持城乡居民养老保险制度：面临的风险及应对策略［J］．经济社会体制比较，2018（1）．

（三）财政补贴差异对城乡居民养老保险制度收入再分配的影响

制度特征因素方面，城乡居民养老保险的财政补贴力度决定着个人账户收益与基础养老金待遇，国家和地区财政补贴差异则是影响制度收入再分配功能的直接因素。由于城乡居民养老保险制度采取中央和地方财政共同支持的运行办法，其中，中央财政补贴中西部地区的全部基础养老金，补贴东部地区一半的基础养老金，地方政府承担缴费补贴、基础养老金加发补贴以及兜底制度缺口问题，以确保养老金按时足额发放。由此可见，我国城乡居民养老保险制度的财政补贴责任主要压在地方政府一端。然而，受中央和地方财政分权体制的影响，各地财政实力差异巨大，致使很多地方在财政补贴事项上存在相互博弈与选择执行的情形①。典型表现为地方政府可能根据自身养老负担和经济发展需要，相机决定本地区城乡居民基本养老保险制度的财政补贴额度以及基金征缴监管力度，由此产生预算软约束行为，损害基金支付的可持续性和制度扩面的公平性②。2020 年城镇职工养老保险各级财政补贴为 11719. 66 亿元，占社会保障与就业支出的比重为 35. 98%，而城乡居民养老保险制度各级财政补贴为 3134. 59 亿元，占社会保障与就业支出的比重仅为 9. 62%，前者数额是后者的 3. 74 倍（见表 2-5）。有限的财政投入使城乡居民养老保险待遇成为象征性的福利供给，严重制约其收入再分配效应的发挥。

表 2-5　2014—2020 年城镇职工与城乡居民养老保险财政补贴情况比较

年份	全国财政收入（亿元）	社会保障与就业支出（亿元）	社会保障与就业支出占财政总量支出比例（%）	居民保险财政补贴（亿元）	居民保险财政补贴占社会保障与就业支出比例（%）	职工保险财政补贴（亿元）	职工保险财政补贴占社会保障与就业支出比例（%）
2014	140370	15969	10. 5	1569	9. 8	3548	22. 2
2015	152269	19019	10. 8	2044	10. 8	4716	24. 8
2016	159605	21591	11. 5	2092	9. 7	6511	30. 2
2017	172593	24612	12. 1	2319	9. 4	8004	32. 5
2018	183360	27012	14. 7	2776	10. 3	9377	34. 7
2019	190390	29379	13. 3	2881	9. 8	10319	35. 1
2020	182914	32569	13. 3	3135	9. 6	11720	36. 0

资料来源：《中国统计年鉴》。

除了财政补贴投入不足的困境，地区之间与地区内部的巨大财政补贴差异也是影响城乡居民养老保险制度收入再分配的主要原因。为比较地区之间的财政补贴差异，结合城乡居民养老保险财政补贴政策和《中国统计年鉴》相关数据，利用公式（2-1）至公式

① 王敏．城乡居民基本养老保险财政补贴政策研究［J］．中央财经大学学报，2017（12）．

② 鲁全．居民养老保险：参保主体、筹资与待遇水平［J］．社会保障评论，2020，4（1）．

(2-3)，对 2014 年、2018 年、2020 年中央和地方财政补贴进行分区域概算。

从表 2-6 所列数据可知，2014 年东部地区地方财政补贴总额是中西部地区地方财政补贴总额的 3.81 倍，到 2020 年，这一差距进一步扩大到 5.04 倍，完全抵消甚至超过了中央财政对中西部地区基础养老金全额补贴产生的收入再分配效用。事实上，根据计算规则，表 2-6 中所列尚未将各省份（区、市）基础养老金加发补贴和缴费补贴的差距计算在内，如果考虑这一情形，东部地区财政补贴比中、西部地区更多。由此可见，中央和地方的差异化财政补贴政策对于缩小区域间收入差距与福利不平衡的作用有限，甚至成为城乡居民养老保险制度产生逆向收入再分配效应的根源，引发新的制度不公①。

中央财政补贴＝中、西部地区本年度养老金领取人数×基础养老金×12+东部地区本年度养老金领取人数×基础养老金×50%×12　　(2-1)

东部地区财政补贴＝东部地区本年度养老金领取人数×基础养老金×50%×12+（年末参保人数-本年度养老金领取人数）×30　　(2-2)

中、西部地区财政补贴＝（年末参保人数-本年度养老金领取人数）×30　　(2-3)

其中，基础养老金标准按 2014 年为 70 元/月/人，2018 年为 88 元/月/人，2021 年为 105 元/月/人计算。

表 2-6　2014 年、2018 年、2020 年各地城乡居民养老保险制度财政补贴情况

单位：万元

地区＼年份	2014		2018		2020	
	中央	地方	中央	地方	中央	地方
东部	**2374050**	**2720250**	**2724951**	**3606964**	**4020408**	**4361586**
北京	15036	19551	46939	50542	58212	61464
天津	31122	32082	43190	45572	52983	55551
河北	377118	452313	540724	645349	679140	753183
辽宁	157584	177288	214684	233710	269829	288732
上海	20034	20952	26928	27759	32949	33666
江苏	414960	455757	577420	614374	690102	729252
浙江	243642	266502	281899	301816	333585	352017
福建	166446	198747	246206	277985	307818	340806
山东	568428	664023	798547	889732	979839	1070892
广东	350742	397920	449169	503481	567378	620019
海南	28938	35115	39969	46644	48573	56004
中西部	**7635180**	**714762**	**10256919**	**753525**	**12204990**	**804096**
山西	298704	35454	439084	34905	532098	36471

① 海龙．城乡居民基本养老保险财政补贴政策的缘起、发展与走向［J］．中州学刊，2021（4）．

续表

地区＼年份	2014		2018		2020	
	中央	地方	中央	地方	中央	地方
内蒙古	169764	16794	236227	15786	308952	16185
吉林	196056	12642	265795	12978	329994	13857
黑龙江	221592	16740	311414	18057	322686	19578
安徽	734328	73890	975216	76929	1152648	77259
江西	366744	40845	508780	42069	628740	47370
河南	1092252	106305	1459497	111012	1777482	115356
湖北	537684	47712	763593	46791	906318	49479
湖南	767172	71550	987782	74088	1062684	78831
广西	444864	35529	618499	39117	732438	55692
重庆	324072	21801	387974	22566	438102	24573
四川	949956	56490	1192329	62799	1400490	63381
贵州	375312	34194	478156	40497	584262	43224
云南	389424	50907	563692	54816	678510	57351
西藏	19740	3522	3801	4869	32382	4281
陕西	350700	38799	528000	37251	674352	37500
甘肃	242172	28554	329366	30153	394002	32265
青海	36372	5439	49104	5973	48258	6720
宁夏	30996	4356	43190	4215	52290	5913
新疆	87276	13239	115420	18654	148302	18810

对于区域内部而言，城乡居民养老保险制度的统筹层次仍以地级市为主，这阻碍了城乡居民养老保险统筹基金的流动，严重影响了制度互助共济功能的发挥。目前城乡居民养老保险制度地区内的财政补贴差异突出表现为省会城市或经济较为发达的地市财政补贴更高，养老金待遇更好，这种集中偏好与制度设计的公平性理念相悖，与缩小区域收入分配差距的目标相左①。以广东省为例，作为东部发达省份，虽然整体经济实力强劲，但省域内既有国际大都市广州，经济特区深圳、珠海和汕头，也有其他一些经济实力相对较弱的边缘型城市，区域内部发展差异较为明显。根据 2019 年发布的《广东省城乡居民基本养老保险实施办法》，广东省内各地城乡居民养老保险制度缴费标准设为每年 180 元、240 元、360 元、600 元、900 元、1200 元、1800 元、3600 元、4800 元九个档次，各级人民政府对选择低缴费档次（每年 180 元、240 元、360 元）的参保居民，财政补贴按不低于每人每年 30 元执行；对选择较高缴费档次（每年 600 元及以上）的参保居民，财政补贴按

① 刘海英．城乡居民基本养老保险的财政激励机制研究——基于效率与公平双重价值目标的考量［J］．兰州学刊，2016（2）．

不低于每人每年 60 元执行，鼓励有条件的地区合理增加缴费补贴，增加资金自行负担。其中，上述最低缴费补贴所需资金，粤东西北地区 12 市，惠州、肇庆及江门恩平、台山、开平由省、市、县各级财政按 1∶1∶1 的比例分担；珠三角其他地区则由市、县级财政负担。这一补贴政策虽体现了多缴多补的基本原则，却造成了城乡居民养老保险制度省域内不同市县财政补贴的巨大差异。如深圳市缴费补贴从 30 元起，每进一档加 10 元，最高 120 元；珠海市直接按个人缴费的 65%进行财政补贴；广州市缴费补贴金额甚至达到个人缴费的 1~2 倍。除了缴费补贴存在显著差异，基础养老金加发补贴也表现出巨大的内部差异。目前广东省城乡居民养老保险制度基础养老金最低标准已从 2014 年的 80 元增加至 2020 年的 180 元，高于国家规定的基础养老金最低标准 105 元。但省内仅茂名、汕尾、河源、清远等地市按这一全省基础养老金最低标准执行，而经济实力较强的佛山、惠州等城市 2020 年基础养老金标准分别达到 300 元/月和 270 元/月，基础养老金加发补贴金额则为国家最低标准的 1~2 倍，广州、深圳、珠海三个城市更是达到了 3~5 倍。

（四）基金收益状况对城乡居民养老保险制度收入再分配的影响

城乡居民养老保险作为统账结合制的社会养老保险，基金的投资运营状况也会对制度收入再分配产生影响，基金收益能力越强，个人缴费产出越高，居民参保信心越强，制度可持续性越好。低水平的城乡居民养老保险基金统筹管理层次，增加了管理的人力投入和制度成本消耗，区划分割也使资金不利于形成规模效应。我国自 2015 年颁布实施《基本养老保险基金投资管理办法》，提出要不断扩展基本养老保险基金市场化多元化投资渠道，对基本养老保险基金投资限制有所放松，但目前投资范围仍以银行存款和国债为主，养老金产品、股票、期货等占比仍不高。可见，保守的城乡居民养老保险基金投资运营方式与不合理的投资运营结构，已造成制度基金“隐形缩水”①。加之近年来受全球外部冲击与疫情影响，资本市场投资低迷，这也限制了城乡居民基本养老保险基金的投资收益效率。另外，受基金累计结余总额限制，城乡居民养老保险基金投资收益远低于职工养老保险基金的投资收益。如表 2-7 所示，2020 年城镇职工养老保险基金利息收入是城乡居民养老保险基金利息收入的 6.5 倍，委托投资收益前者是后者的 11.1 倍。

表 2-7　2018—2020 年全国城乡居民与城镇职工养老保险投资收益比较

单位：亿元

项目	2018 年		2019 年		2020 年	
	职工养老保险	居民养老保险	职工养老保险	居民养老保险	职工养老保险	居民养老保险
利息收入	1056.69	142.86	1201.28	189.13	1189.39	182.23
委托投资收益	698.87	2.79	507.70	31.82	1486.40	134.08

资料来源：《中国统计年鉴》。

① 刘冰．城乡居民养老保险基金管理“疲软”态势的原因与破解路径［J］．现代经济探讨，2017（4）．

二、城乡居民养老保险制度收入再分配的微观影响机制

微观方面，影响城乡居民养老保险制度收入再分配的因素主要为参保个体缴费档次的选择、缴费年限的积累、基础养老金调整系数的设置和参保者余寿的长短，而上述因素也是从缴费积累和待遇计发两个层面影响个体的养老金收益。由于个人缴存的保险金及其存款收益都存于个人账户并最终回到参保者手中或被继承，因此，对于参保个体而言，养老金的净转移额即为财政补贴部分。本研究通过进一步构建精算模型，采用“净转移额”分析城乡居民养老保险制度收入再分配的微观影响机制，检验个体参保缴费的制度收益①。

假定一位新人 2014 年（16 岁）开始参加城乡居民养老保险，参保人在每年年初按时参保，缴费不中断且投保档次固定不变，连续缴费 44 年后他于 2058 年达到 60 岁，开始领取养老金，即 2058 年为收入转移效应测算时点，此后每年年初按时按年领取养老金。同时，设定国家一年调整一次基础养老金最低标准，∂ 为起始缴费年龄，β 为领取养老金的最低年龄，λ 为基础养老金调整系数，F_0 为城乡居民养老保险 2014 年的基础养老金数额，S 为政府根据参保居民缴费档次给予的年度缴费补贴，δ 为个人账户的年度投资收益率，n 为个人账户养老金计发年数，μ 为贴现率，则参保居民每年能获得的财政补贴转移额度，即基础养老金和个人账户养老金收益之和 F 的计算公式为：

$$F = F_0(1+\lambda)^{\beta-\alpha} + \frac{S\sum_{k=1}^{\beta-\alpha}(1+\delta)^k}{n} \tag{2-4}$$

参保居民个人账户计发年数内领取的政府补贴部分养老金即净转移额 NV 的计算公式为：

$$NV = F_0(1+\lambda)^{\beta-\alpha}\sum_{i=1}^{n-1}\left(\frac{1+\lambda}{1+\mu}\right)^i + \sum_{j=1}^{n-1}\frac{S\sum_{k=1}^{\beta-\alpha}(1+\delta)^k}{n(1+\mu)^j} \tag{2-5}$$

根据政策实际，取 $\alpha=16$ 岁，$\beta=60$ 岁，$n=11.58$ 年，$F_0=70$ 元/月×12 个月 = 840 元，$\lambda=5\%$，$\delta=4\%$，$\mu=3\%$，年缴费标准根据缴费档次确定，D 的取值范围为 100～2000 元 12 个档次。

（一）缴费档次对城乡居民养老保险制度收入再分配的影响

根据政策规定，城乡居民参保可以自由选择不同的缴费档次，对选择 500 元以下缴费档次的参保者，缴费补贴按不低于 30 元/人/年的标准执行，对选择 500 元及以上缴费档次的参保者，缴费补贴额度不低于 60 元/人/年。假定 100 元档次的缴费补贴为 30 元，此后缴费档次每提高一档，缴费补贴增加 5 元，即 S 取 30 元、35 元、40 元、45 元、60 元、65 元、70 元、75 元、80 元、85 元、90 元、95 元，根据公式（2-5）计算得出不同缴费档

① 王志章，薛人铭．实现共同富裕的农村短板补齐进路研究［J］．重庆社会科学，2022（8）．

次财政补贴的净转移额如表 2-18 所示。在“多缴多补”政策下，参保居民选择的缴费档次越高，获得的财政补贴越高，其养老金的净转移额也越多。如果参保居民选择最低的 100 元缴费档次参保，养老金的净转移额为 98995 元；如果选择 500 元缴费档次参保，养老金的净转移额为 101899 元；若选择最高的 2000 元缴费档次参保，养老金的净转移额可达 105287 元。平均而言，对于一般缴费个体，按照个人账户计发年数计算，每提高一个缴费档次，净转移额增加 484 元。可见，城乡居民养老保险的收入再分配偏向于选择较高档次的缴费群体。一般来说，高收入群体选择较高缴费档次的概率更大，而选择较低缴费档次的参保人大多为低收入群体，“多缴多补”的财政补贴政策虽然可以提高居民的参保积极性，但也造成了制度逆向收入再分配效应的产生，不利于居民收入差距的缩小。

表 2-8　参保个体选择不同缴费档次的城乡居民养老保险制度收益比较

缴费档次（元）	100	200	300	400	500	600	700	800	900	1000	1500	2000
缴费补贴（元）	30	35	40	45	60	65	70	75	80	85	90	95
NV（元）	98995	99479	99963	100447	101899	102383	10286	103351	103835	104319	104803	105287

（二）缴费年限对城乡居民养老保险制度收入再分配的影响

缴费年限对城乡居民养老保险制度收入再分配的影响主要是通过“长缴长补”政策实现的，缴费年限越长能够获得的养老金财富越多。为此，本研究以 5 年为间隔，将参保居民缴费年限 m 的取值设定为 15 年、20 年、25 年、30 年、35 年、40 年、44 年，分析参保个体选择不同缴费年限，城乡居民养老保险制度的养老金收益差异。根据各地政策，一般规定对参保缴费满 15 年及以上的，在 15 年的基础上每增加一年，每月加发基础养老金 3 元，即每年加发 36 元。用 S' 表示与 m 取值对应的缴费年限每年加发的基础养老金，分别为 0 元，180 元，360 元，540 元，720 元，900 元，1584 元。在 S = 30，其他参数不变的情形下，养老金净转移额计算公式（2-5）可修改为：

$$NV = F_0(1+\lambda)^{\beta-\alpha}\sum_{i=1}^{n-1}\left(\frac{1+\lambda}{1+\mu}\right)^i + \sum_{j=1}^{n-1}\frac{S' + \frac{S}{n}\times\sum_{k=\beta-\alpha-(m-1)}^{\beta-\alpha}(1+\delta)}{n(1+\mu)^j} \tag{2-6}$$

根据公式（2-6），不同缴费年限对应的城乡居民养老保险制度财政补贴净转移额测算结果如表 2-9 所示。当缴费年限为最低 15 年时，净转移额为 90777 元；当缴费年限为最高 44 年时，净转移额为 108263 元，即缴费年限越长，净转移额越多，城乡居民养老保险制度具有向长期缴费参保人群转移收入的偏向，这有利于激励个体长期参保，促进制度长效发展。

表 2-9　参保个体选择不同缴费年限的城乡居民养老保险制度收益比较

缴费年限（年）	15	20	25	30	35	40	44
年加发基础养老金（元）	0	180	360	540	720	900	1584
NV（元）	90777	92857	94950	97054	99113	101218	108263

（三）基础养老金调整系数对城乡居民养老保险制度收入再分配的影响

待遇给付阶段的基础养老金调整系数是国家经济发展和通货膨胀背景下确保养老金购买力的关键举措，对城乡居民养老保险制度个体的参保收益产生显著影响。根据我国经济发展速度和物价变化水平，假定基础养老金调整系数 λ 取值为 2%、3%、4%、5%、6%、7%、8%，在 $S=30$，其他假设条件不变，且不考虑多缴多补和长缴长补影响的情况下，根据公式（2-5）计算不同基础养老金调整系数 λ 对个体制度收益的影响，具体测算结果如表 2-10 所示。可以发现，基础养老金调整系数对城乡居民养老保险制度的收入再分配效应具有非常显著的影响，基础养老金调整系数越大，城乡居民养老保险制度财政补贴的净转移额越多。具体而言，基础养老金调整系数每提高 1%，城乡居民养老保险财政补贴净转移额的增加幅度大约为 50%。

表 2-10　不同基础养老金调整系数对应的城乡居民养老保险制度收益

基础养老金调整系数 c	2%	3%	4%	5%	6%	7%	8%
NV（元）	29743	44138	65793	98995	148922	225318	338797
NV 增加率	—	48%	49%	50%	50%	51%	50%

（四）参保者余寿对城乡居民养老保险制度收入再分配的影响

根据城乡居民养老保险制度个人账户养老金计发月数的政策设定，以及养老金待遇支付终身的规定，参保个体在领取完 11.58 年之后，所需养老金资金由提前死亡人员个人账户中未继承的政府补贴、基金投资收益继续支付，不足部分由地方财政补充支付。该给付方式使得寿命长者可以获得统筹基金或财政资金的兜底养老金，拥有更多的制度收益。由于不同群体具有不同的平均预期寿命，对应的退休余命也不同，进而影响养老金的收入分配。本研究根据参保人的余寿情况对城乡居民养老保险制度的净转移额进行测算。当参保人开始领取养老金时的预期余命 $\varepsilon \leqslant 11.58$ 年时，净转移额的测算公式为 NV_1；当预期余命 $\varepsilon > 11.58$ 年时，净转移额的测算公式为 NV_2：

$$NV_1 = F_0(1+\lambda)^{\beta-\alpha}\sum_{i=1}^{\varepsilon-1}\frac{1+\lambda}{1+\mu} + \sum_{j=1}^{\varepsilon-1}\frac{S\sum_{k=1}^{\beta-\alpha}(1+\delta)^k}{n(1+\mu)^j} \tag{2-7}$$

$$NV_2 = F_0(1+\lambda)^{\beta-\alpha}\sum_{i=1}^{\varepsilon-1}\left(\frac{1+\lambda}{1+\mu}\right)^i + \sum_{j=1}^{\varepsilon-1}\frac{S\sum_{k=1}^{\beta-\alpha}(1+\delta)^k}{n(1+\mu)^j} + \sum_{t=n}^{\varepsilon-1}\frac{S\sum_{q=1}^{\beta-\alpha}(1+\quad)^{\beta-\partial-q}(1+\delta)^q}{n(1+\mu)^t} \tag{2-8}$$

假定参保者余寿为 5 年、10 年、15 年、20 年和 25 年，起始缴费标准 D = 100 元/年，城乡居民人均收入增长率 ω = 5%，S = 30 元，其他条件不变的情形下，算得参保者不同余寿条件下，城乡居民养老保险制度的净转移额如表 2-11 所示。当参保个体的余寿为 5 年时，净转移额为 38830 元，当余寿为个人账户养老金计发年限 11.58 年时，净转移额为 98995 元，当余寿为 15 年时，净转移额为 127854 元，当余寿为 25 年时，净转移额为 211438 元。从这一点可以看出，参保个体余寿越长，净转移额越多，制度收益越高，收入再分配效应越大。其中，11.58 年为个体参保收益由负转正的拐点。一般个体寿命随着收入水平的增长而增长，也即高收入者理论上拥有比低收入者更长的预期寿命，基于这一假设，城乡居民养老保险制度在预期寿命这一影响维度，也表现出了逆向收入再分配效应。此外，从性别视角来看，由于女性居民相比男性居民预期寿命更长，城乡居民养老保险的收入再分配效应也具有向女性倾斜的趋势。

表 2-11　不同余寿参保个体的城乡居民养老保险制度收益

预期余命（年）	5	10	11.58	15	20	25
NV（元）	38830	77108	98995	127854	166496	211438

三、发挥居民养老保险制度收入再分配效应的政策路径

通过上文分析可知，宏观层面，地区之间经济社会发展的差距，人口年龄结构的快速转变，财政补贴政策的机械执行，基金投资运营的低效收益，成为影响城乡居民基本养老保险制度收入再分配的重要因素；微观层面，个体参保缴费档次、缴费年限的选择，基础养老金待遇调整系数的设定、参保者余寿的长短，通过影响个体养老金收益，进而影响制度的收入再分配效应。为更好发挥城乡居民养老保险制度的收入再分配功能，必须坚持公平与效率统筹兼顾的政策目标与功能定位，把握制度筹资缴费和待遇给付的端口，通过加强制度协同整合、深化制度参数改革等举措，促进制度高质量发展，助力实现共同富裕。

（一）加强制度协同整合，促进城乡居民养老保险制度与其他社会保障项目发挥政策合力

完善制度顶层设计，统筹协调城乡居民养老保险制度建设与地区经济社会发展战略之间的关系。以乡村振兴战略为契机，加快构建缩小城乡居民收入差距，实现共同富裕的农村多层次社会保障体系，并以“农业农村优先发展”“工业反哺农业”“城市支持农村”等理念贯彻落实城乡融合发展①。统筹推进以人为核心的新型城镇化与农业现代化建设，进一步加大对农村健康、教育、交通、信息等公共服务的供给与投入力度，促进农村人力资本投资积累。大力发展乡村产业，优化农民收入结构，以明晰土地产权、土地规划与征地补偿立法等措施保障农民财产性收益。加快推进城乡居民养老保险制度与家庭养老、社

① 王志章，薛人铭．实现共同富裕的农村短板补齐进路研究［J］．重庆社会科学，2022（8）．

会救助、社会福利、抚恤优待等其他社会保障措施相配套[①]。通过支持重点区域、重点领域的纵向转移和立足区域间利益调整的横向转移，发挥社会保障缩小区域间分配差距的政策合力。优化城乡居民养老保险与城镇职工养老保险之间转移接续制度安排。短期应通过“折算加补缴”和“待遇加权分别享受”的思路，实现不同保障群体养老权益的自主选择。中期应以“梯度融合”战略加快制度统筹与整合力度，不断缩小城乡居民养老保险、城镇职工养老保险之间待遇差距与个人缴费贡献差距，提高制度公平性与基金可持续性。长期应通过整合城镇职工养老保险与城乡居民养老保险基础养老金、城乡低保、农村“五保”和高龄津贴制度，构建以保障国民基本养老需求作为责任边界和权益标准，不需要参保个人缴费，实行现收现付制的国民养老津贴制度[②]。

（二）深化制度参数改革，明确城乡居民养老保险制度高质量发展的政策目标与功能定位

优化缴费档次设计，提高最低缴费标准，增强制度选择性和激励性。综合考虑城乡居民人均可支配收入，结合城乡居民养老保险保障基本生活的目标定位，采取提高缴费基数，从定额缴费变为定比例缴费以及鼓励参保者延长缴费年限等政策措施。如实行城乡居民基础养老金入口补贴比例时，对实现保基本的缴费额按照较高比例进行财政补贴，在保基本之上的缴费额则逐步降低补贴比例。建立基础养老金与缴费年限之间的关联激励机制，引导符合条件的城乡居民早参保、多缴费，增加个人缴费积累。坚持精算平衡，科学合理地确定个人账户养老金计发时限。根据我国人口老龄化的发展态势和人均预期寿命的变化趋势，综合考虑退休年龄、缴费率、投资收益率、城乡居民人均收入增长率、老年抚养比等影响因素，通过指数化的调整方法确定个人账户养老金的计发年限，最大限度降低长寿风险给城乡居民养老保险个人账户养老金收支平衡带来的不良影响。基于 GDP 增长率、平均工资增长率、物价变动情况和财政负担能力科学设计城乡居民养老保险基础养老金待遇动态调整机制，确保养老金平均替代率水平可预期、可接受。探索定额给付方式、补差型给付方式和最低保障给付方式相结合的给付模式，更好地将低收入人群纳入养老保障体系中，使全体社会成员均能共享经济社会改革发展成果，助力实现共同富裕。

第三节　城乡居民养老保险制度发展现状

城乡居民养老保险制度的建立，实现了社会养老保障制度全覆盖的目标，对全面实现老有所养具有重要的意义。但是由于制度建立时间短、覆盖人群收入低且分化严重等因

① 张开云，徐强，马颖颖．城乡居民基本养老保险制度：运行风险与消解路径［J］．贵州社会科学，2021（2）．

② 成志刚，文敏．新中国成立 70 周年养老金制度的历史演变与发展图景［J］．湘潭大学学报（哲学社会科学版），2019，43（5）．

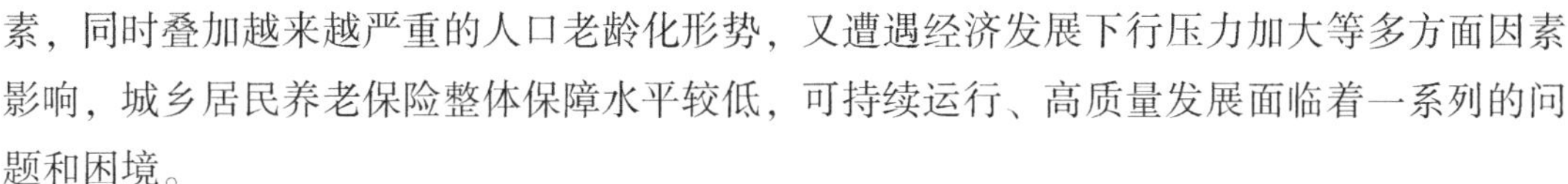

素，同时叠加越来越严重的人口老龄化形势，又遭遇经济发展下行压力加大等多方面因素影响，城乡居民养老保险整体保障水平较低，可持续运行、高质量发展面临着一系列的问题和困境。

一、城乡居民养老保险制度存在的问题和困境

（一）年轻人参保率低

城乡居民养老保险主体是农村居民，但是农村年轻人参保积极性不高，风险意识不足。调研发现，农村部分年轻人认为自己年轻，退休比较遥远，在面对参保选择时，更加关注当前的短期收益，认为参保时间长、回报低，因而参保缴费的积极性、主动性比较低；还有的年轻人抱有侥幸心理，认为城乡居民养老保险领取养老待遇的条件是缴费年限满 15 年，可以将参保年龄延后，或者在退休之前补缴。同时，在广大农村地区有很大一部分年轻人离村外出务工，给城乡居民养老保险参保和缴费带来很大的困难，也导致了养老保险费出现断缴的现象。

（二）参保人员缴费档次偏低

城乡居民养老保险制度设计之初，考虑了比较宽泛的筹资来源，即个人缴费、政府补贴、集体补助和社会捐助，其中个人缴费标准大体分为 12 个档次（100~2000 元之间），但是由于农村居民收入水平较低，所以农村居民趋向于较低的缴费档次。缴费档次低，缴费金额就少，导致城乡居民养老保险基金规模难以扩大，社会保险“互助共济”作用未能有效发挥，城乡居民养老保险的持续性发展形势严峻。总体而言，在农村，城乡居民养老保险断保、弃保和停保等现象经常发生。

（三）待遇水平低

与城乡低保标准相比较，城乡居民养老保险制度的平均待遇水平偏低，其平均待遇与城乡低保标准的差距也越拉越大。例如，2015 年辽宁城市最低生活保障平均标准为 5688. 3 元/人/年，城乡居民养老保险人均领取额为 1186. 5 元/人/年，两者相差 4501. 8 元；到 2022 年，城市最低生活保障平均标准提升至 8487. 6 元/人/年，而城乡居民养老保险人均领取额为 1785. 8 元/人/年，两者差距扩大至 6701. 8 元。与此同时，农村最低生活保障平均标准与城乡居民养老保险人均领取额的差距也从 2184. 4 元扩大到了 4282. 7 元，两者差距同样在逐步拉大。养老保障水平低于低保水平，说明我国城乡居民养老保险制度的保障水平还比较低，距离制度设定的保障目标还存在较大差距。从理论上讲，构成我国社会保障体系的各个制度，如社会救助、社会保险、社会福利、社会优抚等面向不同的群体，具有不同的功能，应当具有一定的功能和层次差异。低保制度属于社会救助范畴，是基本生活保障的底线。城乡居民养老保险制度属于社会保险范畴，对社会风险防范具有基础作用。从制度设定上看，社会基本养老保险制度待遇应高于低保标准，才能发挥社会保险的作用。但是由于城乡居民养老保险制度起步晚、保障水平低，在实际的制度执行中更

是低于城乡低保标准，其基本养老保障的作用难以发挥，极易引起参保人员对制度待遇的负面预期，影响居民参保的积极性，进而对制度的可持续、高质量发展产生负面影响。

（四）基金贬值风险加大

城乡居民养老保险制度建立以来，养老基金的征缴和管理不断完善，基金的总规模也在扩大，基金的保值增值成了亟待解决的重点难题。国发〔2014〕8号文件规定“城乡居民养老保险基金按照国家统一规定投资运营，实现保值增值”。但是，因为没有具体投资细则的指导和支撑，基金的投资运营缺乏能够遵循的具有可操作性的依据，加之城乡居民养老保险基金统筹层次低，地方政府在基金管理上过于谨慎保守。为保证基金的安全，城乡居民养老保险基金目前主要是购买国债或存入银行，导致城乡居民养老保险基金收益低，保值增值难度大，基金贬值的风险也越来越大。从长期来看，如果存在相对较为持续的通货膨胀压力，极易出现由于管理制度导致的贬值风险。

（五）制度衔接不畅

2014年人力资源和社会保障部就出台了城乡居民养老保险制度与城镇企业职工养老保险制度之间的转移接续办法，即《城乡养老保险制度衔接暂行办法》（人社部发〔2014〕17号，以下简称衔接办法），但是由于这两项制度无论是制度规定还是待遇水平都存在着很大的差距，衔接办法难以弥补制度差异，而且衔接办法本身也有不合理之处。首先，缴费年限衔接不合理。衔接办法规定，如果从城乡居民养老保险向城镇职工养老保险转移，缴费年限不累积计算。通俗来讲，就是农民进城打工参加城镇职工养老保险，他之前参保的城乡居民养老保险的缴费年限不能累计合并。其次，统筹基金的转移衔接不合理。衔接办法规定，个人账户资金可以转移到城乡居民养老保险的个人账户，但是参保者统筹账户资金并不能同时转移。这两个方面规定受到了一定的质疑。总体来看，由于两种养老制度之间存在较大的差异，城乡居民养老保险在实际运行过程中存在不公平之处。这种不公平导致农村居民对参加养老保险的积极性降低。

二、共同富裕视角下城乡居民养老保险制度存在的问题与改革思路

（一）城乡居民养老保险制度存在的问题

1. 退休返贫风险较大

参与城乡居民养老保险的群体主要包括个体工商户、外出务工人员及务农人员等，这些人员的收入水平普遍相对较低。虽然在实现共同富裕的过程中，将会有部分人群成为中等收入人群，然而在当前的城乡居民养老保险制度下，很多退休人员都面临着返贫的风险。首先，土地收入或产业收入对农村居民发挥的养老保障功能正持续下降，家庭收入水平也增长缓慢。虽然乡村振兴战略的实施可以在一定程度上提升农村居民的经济收入，然而这种经济提升方式主要以农业产业中的第二、第三产业为主，受益人群普遍为劳动者和

投资者，因此退休居民的经济收益会相对较低。其次，在社会主义市场经济建设中，贫困线的认定标准发生了明显的改变，该制度所提供的贫困线与养老金标准有可能出现加大的风险。

2. 影响转移性净收入的提升

城乡居民净收入通常指转移性收入与转移性支出相减后所得到的“净数值”，能反映出我国城乡居民的经济收入程度，是评估其生活水平的有效指标。在实现共同富裕的过程中，城乡居民保险制度的广泛覆盖，给“转移性净收入提升”带来了诸多的阻碍。首先，退休金对转移性收入发挥着巨大的作用①。在我国诸多转移性收入中，退休金或养老金的占比最大，而养老金的增长速度差距会导致转移性净收入质量受到影响，继而制约其持续的提升。其次是结构差异。在领取养老保险的人员结构上，参与城镇保险的人员比重越高，人均退休金或养老金水平也越高。“领取人数比例”比“参保人群比例”更影响养老金水平。当领取人数比重出现变化后，城乡转移性净收入也会发生变化。

3. 制度保障水平相对较低

在共同富裕背景下，我国城乡居民养老保险的制度保障水平低，主要体现在以下两个层面。首先是待遇较低。城乡居民养老保险的待遇水平普遍低于城镇或乡村的低保水平。2018 年，我国城乡居民养老保险待遇确定及机制调整后，社会发展与制度建设所存在的相互脱节问题得到了切实的解决。然而由于养老金标准较低，很多老年群体选择了较低的缴费标准。较低的缴费标准，又致使个人账户中的养老金储备相对较低，难以发挥养老保障的作用。其次是辅助性作用。虽然在城乡居民养老保险待遇调整中，养老保险制度的保障能力与待遇水平有了些许的提升，然而提升幅度比较有限，保障能力与总体水平仍然处于“低位”。第一产业收入占消费支出的比重依然是养老金占消费支出的 3 倍，这在某种程度上，反映出养老保险所发挥的作用一直都是辅助性、补充性的，而非基本的保险作用②。

（二）城乡居民养老保险制度的改革思路

我国城乡居民养老保险制度设计中所存在的缺陷是养老金待遇、保障水平低的关键性因素，资金管理的问题则影响了我国转移性收入的提升。这三点正是我国城乡养老保险制度在社会环境变化中所忽视的地方。因此，为更全面地实现城乡居民养老保险在实现共同富裕过程中所发挥的作用，必须从功能定位、结构优化及资金管理等层面入手，优化我国城乡居民养老保险制度，充分发挥城乡居民养老保险的功能，持续推进我国共同富裕的建设进程。

1. 明确功能定位

首先是完善目标定位。重新界定城乡居民养老保险制度保障、家庭保障、土地保障之

① 刘德浩．待遇充足性视角下的城乡居民养老保险制度优化研究［J］．中国人力资源社会保障，2021（11）：21-23.

② 葛鲁英．城乡居民基本养老保险制度落实中的问题及对策［J］．中国产经，2021（18）：38-39.

间的权责关系，尤其是在土地保障功能与家庭养老功能被不断消减的情况下，更应及时提升其目标定位。具体措施为：不断提升和完善“适度保障”、“基本保障”及“补充保障”，将城乡居民养老保险作为“所有老年人群都能享有的保障制度”进行安排。结合新时期的特点，科学调整保险制度，进而在推动养老保险制度建设的过程中落实“保基本”目标①。其次是加大宣传力度。从现代化建设与共同富裕目标实现的层面出发，城乡居民的生活品质与我国养老待遇存在紧密的联系。如果单独依靠政府缴纳来实现养老金提升的目标，显然不现实。所以，应加大宣传力度，帮助城乡居民掌握养老保险制度的运行规律，增强其缴纳养老保险的意识。一方面，我国城乡居民所采取的是“自愿续保和参保”，其中“自愿参保”必然会出现“不参保”的现象。另一方面，共同富裕要求应满足城乡老年人群“基本的生活需求”。要想实现该目标，就要有较高的养老金水平。通过强化缴费义务，能够为养老金水平的提升奠定基础。此外，在明确功能定位的前提下，能够充分发挥城乡居民养老保险在实现共同富裕目标中的作用，使其更快更好地促进我国社会主义经济的发展与建设，满足人民群众的精神物质诉求。

2. 加强资金管理

加强资金管理可以有效解决城乡居民养老保险在转移性收入中所面临的困局，发挥养老保险制度的保障功能。在实践中，应从如下几个方面入手：首先是拓宽资金来源。其一，我国相关政府部门应注重集体补助，通过制度化手段，明确集体补助的措施和渠道；其二，应从公益组织或社区组织中筹集资金，拓宽资金来源，提升养老保险制度所拥有的保障水平②。其次提升运营效率。资金运营效率影响着资金的增值质量。现阶段，我国城乡居民养老保险的投资运营还存在两方面的难题。一方面，是资金投资通常集中在国债和银行存款上。单向的投资产品容易导致资金的应用效果较差，难以充分实现资金的增值与保值。另一方面，由于物价因素、投资渠道、央行利率等因素的影响，导致养老保险的增值保值出现诸多负面因素。所以在此背景下，应进一步明确保险金的运作方式，力求有据可查、有理有据，并结合多元化、现代化的投资思路，拓宽投资渠道。从而结合我国社会市场经济的发展趋势，选择科学的、适应区域经济发展的投资渠道，以此提高资金的运营质量、效率。

3. 优化参保结构

首先是遵循实事求是、强化责任等原则。实事求是原则要求我们应结合缴费能力、就业结构及城镇化水平等因素，探究出适应当地经济发展的特征的优化模式，强化责任原则主要体现在缴费责任等层面上。只有通过强化城乡居民的缴费责任，才能够形成缴费责任

---

① 尹成远，仲伟东．城乡居民基本养老保险制度效率省域差异及其影响因素［J］．现代财经（天津财经大学学报），2021（8）：51-63.

② 张开云，徐强，马颖颖．城乡居民基本养老保险制度：运行风险与消解路径［J］．贵州社会科学，2021（2）：61-69.

与缴费水平相互挂钩的制度发展格局，并且能够为持续优化参保结构提供契机。其次是优化参保转移路径。城乡居民养老保险制度的参保人主要为年满16周岁（全日制学校在校学生除外），非国家机关、事业单位、社会团体的在职人员和离休、退休（退职）人员，未参加职工基本养老保险的城乡居民。相关政府部门应结合不同人群的特征，对其进行参保结构优化。例如，务农人员应选择强制性与自愿性相结合的原则，根据其收入水平提升程度，提高最低缴费标准。而针对外出务工人员，则应遵循强制性原则，将外出务工人员的城乡居民养老保险转变为城镇职工养老保险①。至于个体工商户或灵活就业者，需要结合当地的经济发展情况、工资提升状况，提升养老金水平。除此之外，还需要强化责任意识，使参保转移路径的主体在深入制度改革的过程中，确保城乡老年群体的养老权益得到全面维护。

三、城乡居民基本养老保险经办管理制度的风险

（一）城乡居民基本养老保险经办概述

基于我国人口基数庞大的特殊国情，在践行老有所依理念与对全体公民开展养老保险管理时，难免会出现管理不协调的问题。政府部门无法统筹协调全国各个地区的部门及人员落实政策文件，由此建立了养老保险经办机构，对养老保险开展行政性以及事业性管理，落实相关政策文件、法规，对社会养老保险进行科学高效的管理。经办机构以政府机构、经办机构、居民与企业三方为主体，致力于实现群众诉求，为地区群众的服务供给提供保障。

（二）城乡居民基本养老保险经办管理制度的风险

1. 保险经办机构定位不清晰

当前各地区政府部门在建立养老保险经办机构时，对机构的性质、职能以及工作人员岗位的需求等定位存在较大差异。受到地区管理体制不同的影响，养老保险管理整体混乱，部门内工作人员责权界限不清晰，导致工作效率较低。同时，养老保险经办工作岗位在部分地区被划分为行政、事业编制，有些地区保险经办机构隶属于县级、市级政府管理，有些地区则由省级垂直管理。因为养老保险经办机构上级单位缺乏统一性，政府部门管理体制不协调，导致养老保险经办机构管理职能有待提高，这些问题容易导致管理风险的发生。

2. 机构设置缺乏科学性

各地区保险经办机构从名称上就存在差异，有中心、局、办公室等，例如，养老保险处、养老保险管理局等。这些差异对政府部门公信力、严肃性产生了一定影响。一线城市、省级单位的养老保险机构为客户提供五险合一业务办理，而其他级别机构则分别设立了保险种类。多头办理导致保险管理信息无法共享，不仅不利于资源整合，而且增加了管理成本。

---

① 许燕. 城乡居民基本养老保险制度的财务可持续性研究［D］. 北京：中央财经大学，2020.

3. 档案管理意识薄弱

养老保险经办机构中会形成大量具有价值的专业资料，包括纸质资料与电子文件等，不仅全程记录了参保人员养老保险的全部内容，而且是养老保险工作顺利开展的基础。大部分地区机构管理人员没有充分认识到档案管理工作的重要性，经费投入不足，人员岗位需求无法得到满足，机构的现代化硬件设施不能得到保证，在工作中缺乏创新意识与创新思路，无法协调养老保险事业的发展。同时，一方面，国内尚未制定统一的规范，养老保险业务档案管理缺乏标准，导致档案管理途径不全面；另一方面，保险机构缺少档案管理专业的人才，经办工作开展中缺乏体系化的制度与工作流程，特别是档案资料采集、收录、整理的过程不严谨，对档案管理质量产生了不利影响。

4. 信息化建设滞后

随着社会经济的发展，各地区城乡基本养老保险的覆盖面不断扩大，参保人数随之增加，以此形成了大量的数据资料，现代养老保险经办机构面临管理风险。只有结合现代化信息技术、先进设备解决超负荷的经办服务内容，处理经办业务，才能减轻工作人员的负担，降低管理风险的发生概率。20 世纪 80 年代至今，国内信息化经办服务已经积累了一定的经验，同时也面临着一些需要解决的问题。第一，各地区、各级别部门政策差异，导致各地资源无法进行科学整合、分配；第二，目前正处于政策改革的重要阶段，同时具备计算机能力与养老保险业务能力的人才较少，相关工作难以有序开展；第三，各级政府部门对养老保险工作的财政方面投入较少，保险经办机构的硬件设施陈旧、老化，更新换代慢；第四，无法推进全国联网的社保卡查询服务，信息化建设不完善。

（三）国内保险经办机构风险的应对策略

1. 培养档案意识

档案意识是人们对档案管理工作的认识，具体指的是人们对档案工作的性质、效果、地位的全面认识。保险经办机构档案意识指的是保险经办机构管理者对档案管理工作的认识。在保险经办机构档案管理活动下，档案信息由 16 周岁及以上的农村居民与城镇非就业居民信息组成，是落实科学管理工作的重要内容，同时也与全体公民切身利益有密切联系。引入现代化信息技术设备是提高档案管理效果的重要途径，但这并不是机构中某一个部门或者个人可以建设成功的，需要全体工作人员共同努力，充分认识到档案管理工作的重要性及意义，具备科学的档案意识才能完成建设。针对上文保险经办机构档案管理工作的现状，各地区要结合自身的基础条件，申请政府部门支持，凭借获取到的资金、技术方面的扶持提高档案管理的信息化程度，增强管理人员对档案管理的重视程度。

2. 加强档案专业人才队伍建设

保险经办机构档案建设离不开一支拥有专业知识以及高素质的档案管理人员团队。从当前保险经办机构档案管理组成来看，存在人员不足以及专业人才较少的问题。因此，各级机构应该基于档案管理的性质，科学配置管理人员。因为保险经办机构信息化建设是一项长时间的工作，不仅要对传统的档案进行分类，采集并扫描收录信息内容，而且要管理电子档案信息等。其管理者要在拥有档案专业基础知识的同时具备较强的信息技术能力，才能避免形成档案工作作为库房管理的错误认知，并在过硬的专业能力下开展档案管理工作。此外，除了档案管理专业人才外，机构内还要配备信息技术人员，解决运营中所遇到的各项技术问题，结合先进技术不断优化升级机构的管理系统，提高管理工作的效率。随着各个地区参保人数的不断增加，各级保险经办机构从业人员工作增幅比例失衡的情况突出，导致城乡居民养老保险全面推进工作进度缓慢。因此，各级经办机构应该科学设置、管理机构内的人员编制，上级部门要加强对下级服务机构的关心，了解各个季度工作量情况，主动沟通编制问题，动态制订人才引入计划。在方案确定后，以社会招聘或者是借调等方式，增加机构内经办人员的数量。在确定经办人员工作量时要以参保人员数量、接待数量等作为主要指标，结合地区特点管理编制名额，开展内部控制及管理。

3. 加强内部控制管理，夯实基金管控基础

在落实城乡居民基本养老保险制度时，保险经办机构要将内部控制体系建设作为主要目标，结合地区实际，制定推进社会保障资金监督管理的建议。同时，还要结合地区监察平台，公示地区城乡居民基本养老保险待遇支付的详细信息。广大参保群众可以利用互联网平台查询拥有待遇的人员以及具体信息，开展透明监管，保障基金完整性。

4. 增强政府的主导地位

保险经办机构管理中要增强地区基层养老保险经办机构的管理能力，培养以政府为主导的管理理念，对地区城乡居民基本养老保险进行从中央到地方的垂直管理，提高机构设置、财政投入、人员配置等环节的监督效果，避免保险经办地区化。结合社会保险法相关规定，统筹全国各地区基层养老保险资源管理，落实中央政府部门所承担的各项责任，协调国内各地区保险制度的参数，解决政策碎片化的主要问题，加强各个环节工作的衔接效果，落实政府部门责任体系，有效提升城乡居民养老保险经办管理的效果。

5. 多种方式核实养老金资格

在城乡居民基本养老保险规模扩大的情况下，经办业务量也随之增加，在一定程度上增加了经办管理的难度。管理人员只有结合信息化技术，通过自动扫描、电子签名等技术开展信息化管理，提高工作效率。但信息化技术应用后，随之也出现了信息泄露、养老金冒认等情况，传统的风险管理措施无法满足现代化需求。为了有效避免养老金的冒领，相关部门要从资格认证方面下功夫，促进社保基金的安全发放，同时可以与公安及社区部门合作，定期核实区域内老人养老金领取后的生活情况，对养老基金进行公示，接受群众监督等。例如，可以开展老年活动认证，组织区域内退休的老人参与社区文娱活动，工作人员以摄影留念的方式记录参与活动的退休老人，该照片可以作为保险经办中心核实养老金的重要凭证。

第三章　城乡居民养老保险对居民消费的影响

养老保障制度是社会保障体系的重要组成部分，我国不断完善多支柱养老保障体系以保障和改善民生。养老保险制度是养老保障体系的核心，直接关系到国民退休后的生活质量，关系到整个经济社会的稳定发展。养老保险的缺失使得未来不确定风险增加，必然导致居民限制当前消费、增加储蓄以备不时之需，为养老提供经济基础。健全的养老保险制度可通过提高未来收入预期实现平滑参保者在工作期与退休期消费的效果，调整整个生命周期的收入期望，进而减少预防性储蓄。因此，养老保险制度与居民消费具有密不可分的关系。

第一节　养老保险对居民消费影响的理论基础与机制

一、养老保险对居民消费影响的相关经典理论

国外关于社会保障对居民消费的影响研究较早，最早可以追溯到凯恩斯的绝对收入假说。美国金融学家海恩·利兰德在生命周期理论的基础上，将不确定性因素加入研究框架，形成了预防性储蓄理论，对研究起到了一定的理论支持作用。在此基础之上，美国行为经济学家理查德·泰勒和美国科学院院士理查德·谢弗林引入了心理因素来解释人们不是“理性经济人”的假设，并提出了一个行为生命周期理论。以上的理论研究对国内外研究养老保险对居民消费影响的作用是巨大的。

（一）凯恩斯的绝对收入假说

凯恩斯作为消费理论函数的开山鼻祖，1936 年首次在《就业、利息和货币通论》一书中将消费与收入之间的关系进行描述。根据凯恩斯的观点，消费和支出有一个稳定的函数关系。在短期内，收入和消费是相关的，即消费取决于收入，消费和收入的关系也被称为消费倾向。同时，随着收入的增加，消费也会增加，但消费增长低于收入增长，消费增长与收入增长的比例下降，这称为边际消费倾向的下降，这种理论称为绝对收入假说。凯恩斯还指出，影响消费的因素主要有两类：主观因素和客观因素。主观因素的变化比较缓慢和稳定，可以被视为已知的。在客观因素中，税收制度的变化、利率和对未来收入的预期不是影响消费的主要因素，直接收入才是主要影响因素。

（二）预防性储蓄理论

预防性储蓄理论认为，当消费者面临收入的不确定性较高时，他更倾向于以当期收入

为基础进行消费，而未来的风险较高时，他也会更多地采取预防性储蓄。在不确定性下，预计未来消费的边际效用要比确定性情况下的消费的边际效用大。随着风险的增大，人们对将来消费的期望也随之增大，因此就越能吸引消费者进行预防性储蓄，把更多的财富转移到未来进行消费。因此，在不确定的条件下，人们的收入会减少，而预防性储蓄会增加，人们的消费会减少。

（三）生命周期假说

美国经济学家弗朗科·莫迪利安尼提出传统的生命周期理论中假设消费者都是理性的，能够合理地管理自身的消费，能够将自己所获得的财富合理地分配到各个生命周期，实现效用的最大化。该理论是建立在十分苛刻的假设条件上的，在现实中很难实现。费尔德斯坦在生命周期理论的基础上引入社会保障这一变量，形成了扩展的生命周期理论，并认为人们的最终消费取决于资产替代效应和引致退休效应的大小。泰勒和谢弗林将心理因素加以考虑，认为人们的内部心理约束也会对消费产生影响，人们并不符合理性经纪人的假设，并不能总是做出最优的消费决策，而且不同的家庭所面临的实际情况是不一样的，因而对不同的商品可能会采取不同的消费决策。基于此，他们构建了行为生命周期理论。

（四）行为生命周期理论

行为生命周期理论认为人们在进行消费决策时，总是面临着是现在消费还是通过储蓄推迟到未来消费这样的选择。人都有即时行乐、希望尽可能多地享受眼前消费而不愿意推迟到以后消费的倾向，这就是现期消费产生的“诱惑”。因此，行使意志力抵抗消费的诱惑可看成人们进行自我控制的合理成本，这种艰难的选择使消费者处于一个矛盾的状态。行为生命周期理论用人的“双重偏好结构”，来描述这种矛盾状态。假设消费者具有两个共存且相互矛盾的偏好，就好像是两个人，一个只关心短期利益，贪图眼前的享受，倾向于尽可能多地消费，表现出一种凭感情用事的行为，这个人叫作“行动者”。另 一个关心长期利益，追求一生效用的最大化，倾向于为以后特别是退休后的消费进行一定的储蓄，表现为一种理性的行为，这个 人叫作“计划者”。

二、养老保险对居民消费的作用机制分析

养老保险从心理的角度提升了居民的消费信心，从而促进了居民的消费。首先，根据预防性消费的理论，不确定性和未来的潜在风险是城乡居民储蓄部分资金的重要理由，养老保险的存在确实可以在一定程度上减少不确定性，增加消费。其次，预防性储蓄理论认为，消费意愿和心理预期都会对居民的消费产生影响。行为生命周期理论认为人们内部的心理约束也会对消费产生影响。基于此，本书认为，参加养老保险会给居民未来面对的各种不确定和潜在的风险提供一种科学合理的风险规避方式，养老金是退休后非常重要的财务保障，也是对未来不确定性的保障。因此，从某种意义上来说，持有养老保险的居民在降低这种不确定性和潜在风险的同时对未来会具有较高的主观幸福感等，对风险的承受能

力更强，具有更高的抗压能力和韧性，心理约束会减少，会拥有较高的心理资本，包括主观幸福感、乐观、幸福等个体特征资源。根据资源保存理论，拥有较高心理资本的居民相信以后能够获得更多的资源，能够避免资源的损失。因此，拥有较高心理资本的居民在进行消费的时候会有更多的个体特征资源来帮助他们坚定自己的选择与决策，从而能够减少当前的储蓄，增加消费；反之，拥有较少心理资本的居民缺少个体特征资源，对风险会更加敏感，从而增加储蓄，减少消费。由此可以推断，养老保险会增加居民心理资本。心理资本作为一种积极的心理状态，会在一定程度上影响居民的消费行为。

养老保险制度属于国家干预政策，它通过影响参保者一生中的收入流来影响其消费行为。我国的养老保险制度有征收和发放两个机制。从征收阶段考虑，60 岁以下参保的城乡居民需按规定缴纳保险费用，这可看成一种强制性储蓄，会减少参保者当期的可支配收入，进而对当期的消费水平产生消极影响，这被称作“挤出效应”。同时，城乡居民参加养老保险使得他们对退休后的收入水平更加乐观，降低未来收入的不确定性，从而会削减现阶段的预防性储蓄，增加消费，这被称作“预期收入效应”。所以，养老保险对家庭消费的作用方向由这两种效应的孰大孰小共同决定。从发放阶段考虑，年满 60 周岁符合领取规定的城乡居民可按月领取养老金，这直接增加了老年人当期的可支配收入，可能会提高他们的消费能力和意愿，从而增加消费支出。消费压力感知是现阶段专家学者在研究消费行为时的关注焦点，是指居民在进行消费活动时察觉到的心理压力水平。当前众多研究表明，压力感知会显著影响居民的储蓄行为和消费水平，总体而言主要表现在两个方面：一方面，压力可能使居民更倾向于增加当期储蓄，因为财务约束和未来收入的不确定性是压力的主要来源，增加储蓄可以有效降低居民的心理压力；另一方面，压力可能会导致个别消费项目的支出增加，这些项目大多是居民认为的必需品或者居民在压力作用下认为必需的消费，原因是这种支出可以增加他们对未来不确定性的控制感，缓解心理压力。居民对消费压力的感知大多是由以下两个原因造成的：一方面是由于家庭收入和资产的限制导致居民只能根据消费项目的重要程度优先满足一部分需求，这造成居民在排序抉择时心理压力增加；另一方面是未来的收入水平可能会产生波动、消费环境也难以预测，导致居民产生心理压力并影响其消费决策。养老保险的“预期收入效应”可以降低不确定性带来的消费压力感知，养老保险的“挤出效应”可以提高居民的收入和资产限制导致的消费压力感知。

总的来说，养老保险的“预期收入效应”“挤出效应”通过对居民的消费压力感知的作用来影响其消费行为，作用方向取决于两种效应的力量对比。值得注意的是，消费压力大小受消费事件的重要性、不确定性、有利性以及年龄、性别等个人特征影响，所以养老保险对于消费压力感知的影响在不同项目、不同人群中存在区别。

三、养老保险对居民消费作用的文献综述

党的二十大报告指出，“要坚持以推动高质量发展为主题，把实施扩大内需战略同深化供给侧结构性改革有机结合起来，增强国内大循环内生动力和可靠性”。扩大内需，提

振消费，是内循环的关键环节。我国经济已进入新的发展阶段，消费作为拉动经济的三驾马车之一，是推动经济增长的持续性动力，对国家和社会发展具有重大意义。近年来，我国储蓄率虽有所下降，但仍远高于世界平均水平，这在一定程度上限制了消费对经济发展的拉动作用。当前的消费受到未来收入预期的影响，低消费、高储蓄率反映了人们对未来收入预期的保守态度。社会保障制度作为一项直接关系民生的公共政策，对微观主体和宏观经济都有重大影响。完善的社会保障制度可以提高居民对未来收入和生活水平的预期，进而可适当减少储蓄，将潜在需求转化为实际消费，释放经济活力。随着我国人口老龄化程度的持续加深，如何构建适应老龄社会的社会保障体系成为重点。

关于养老保险对消费影响的争论由来已久，广受国内外学者关注，主要以生命周期假说和代际交叠模型为理论基础。莫迪利安尼提出的生命周期假说认为人都会从个人效用最大化的原则出发，将其生命周期的收支平衡作为预算约束，然后根据本人一生的预算全部收入来决定自己不同阶段的消费。萨缪尔森提出的代际交替模型考虑到个体差异性，将个人生命分为年轻和年老两个阶段，通过年轻时的储蓄来满足年老阶段的消费，社会保险是一种不进入储蓄的资本转移。之后国内外学者对其理论进行发展和创新，运用不同数据、理论和实证方法研究养老保险对消费的影响。整体上可分为促进作用、抑制作用和影响不确定三种。

（一）养老保险对消费的促进作用

公共服务和社会保障制度的完善不仅能在极大程度上降低居民面临的不确定性，还可以有效降低预防性储蓄，提高消费①。Feldstein 通过对美国数据的研究，提出养老保险对储蓄存在两种不同方向的影响，即替代效应和引致退休效应，总体上替代效应大于引致退休效应，所以将拉动消费②。经过扩充样本进一步实证研究，得出养老保障的发展抑制了储蓄，促进了消费③。Wouter Zant 利用荷兰的数据进行分析，通过将不同的年龄分组比较，研究养老保险与消费的关系，经过实证研究得出养老保险对消费的显著促进作用④。H. Yigit Aydede 对土耳其数据进行实证研究，采用时间序列数据量化社会保障对国民消费的总体影响，得出社会保障对国民储蓄有抑制作用的结论⑤。社会保障制度是城乡居民基本生活的重要支柱。周小川提出面对我国突出的人口老龄化形势，需要对社会保障体系的建设特别是养老制度改革投入更多关注和研究⑥。臧旭恒和李晓飞检验了城镇职工和城乡

① Hinrichs Karl . Recent pension reformsin Europe：Morechallenges，new directions. Anover view ［J］. Social Policy & Administration，2021，553：409-422.

② Feldstein M. Social Security，Induced Retirement，and Aggregate Capital Accumulation ［J］. Journal of Political Economy，1974，82（5）：905-926.

③ FeldsteinM，PellechioA. Social security and household wealth accumulation：new microeconome tricevidence ［J］. Review of Economics and Statistics，1979，61（3）：361-368.

④ Wount Zant. Social Security Wealth and Aggregate Consump－tion：An Extend Llfe cycle Model Estimated for The Nether-lands ［M］. De Economist，1988，136（1）：136-146.

⑤ H. Yigit Aydede. Saving and Social Security Wealth：A Case of Turkey ［J］. OECD Work in paper，2007，3：1-42.

⑥ 周小川 . 养老金改革考验我们经济学的功底和智慧 ［J］. 金融研究，2020（1）：1-8.

居民养老保险发展对城乡居民消费的差异性影响，研究发现提高城镇职工养老保险的养老金替代率和覆盖率可促进城镇居民消费，提高城乡居民养老保险的覆盖率显著促进了农村居民消费，但城镇职工养老保险的消费效应显著强于城乡居民养老保险，这加剧了城乡居民消费差距[①]。马芒、吴石英利用 2013 年 CHARLS 数据建立 OLS 模型，依据微观数据分析养老保障与家庭消费的关系，结果表明养老负担抑制家庭消费水平。李建英等使用我国宏观面板数据建立模型，研究养老保险缴费率、覆盖率、基金支出与居民消费间的关系，研究结果表明养老保险支出增加 1%，居民消费增加 0.585%，存在正相关关系[②]。王亚柯和刘雪颖利用 2018 年中国家庭收入调查数据分析得到参与养老保险的城镇家庭提高了家庭消费[③]。此外，众多学者基于地方数据研究社会养老保险对城镇居民消费的影响，张青枝、孟凡文等分别基于山西、山东、辽宁省数据进行实证分析，研究均表明养老保险基金支出的增加可促进消费增长[④]。

（二）养老保险对消费的抑制作用

Hubbard 利用消费跨期选择模型进行研究，认为资本市场具有很大的不确定性，且不同群体对消费的偏好不同。在研究中将样本分为年轻群体和老年人群体，通过研究两大群体对养老保险征收所带来的可支配收入影响发现养老保险抑制了年轻人的消费[⑤]。Gale 将心理学引入分析中，通过分析消费心理，认为当期消费对消费者带来的边际效用更大。社会保险通过将资本转移到未来减少了当期的收入，因此对消费产生负向影响[⑥]。Massyuki 通过对日本数据进行实证研究发现，由于社会保障政策会根据社会发展而不断调整，加之税收、利率等经济因素的不确定性，社会保险在一定程度上增加了居民收入的不确定性，因此会增加预防性储蓄，减少消费[⑦]。邹红、喻开志、李奥蕾利用广东省重复截面数据构建模型，使用工具变量研究不同社会保险对城镇家庭消费的影响。研究表明由于缴费率高、信贷风险等因素，养老保险在一定程度上抑制了家庭消费[⑧]。冯博基于 OLG 模型对 2012 年省级截面数据进行分析，结果显示随着人口老龄化的加剧，养老保险制度对消费具

---

① 臧旭恒，李晓飞．养老保险发展、制度并轨改革与城乡居民消费——基于职工和居民养老保险的差异性分析［J］．当代经济研究，2020，No.304（12）：73-83，116.

② 李建英，王绿荫，赵美凤．养老保险对我国城镇居民消费影响的研究［J］．经济与管理评论，2018，34（3）：53-61.

③ 王亚柯，刘雪颖．养老保险对城镇家庭消费水平和结构的影响研究［J］．经济纵横，2020，No.418（9）：89-98.

④ 张青枝，李军，张逸超．社会养老保险对城镇居民消费的影响——基于山西省数据的实证研究［J］．经济问题，2017（10）：51-54，95；孟凡文．辽宁省基本养老金对城镇居民消费的影响研究［D］．辽宁大学，2019.

⑤ Hubbard. R. Social security，liquidity constrains，and prere－tirement consumption［J］. Southern Economic Association. 1985，52（2）：471-483.

⑥ Gale WG. The Effects of Pensionson Household Wealth：ARee valuation of Theory and Evidence［J］. Journal of PoliticalEconomy，1998，106（4）：706-723.

⑦ Masayuki M. The Impact of Policy Uncertaintyon Consump－tion and Saving Behavior：Evidence from a survey on consumers［J］. Discussion Papers，2017.

⑧ 邹红，喻开志，李奥蕾．养老保险和医疗保险对城镇家庭消费的影响研究［J］．统计研究，2013，30（11）：60-67.

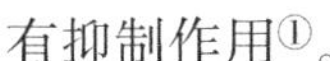

有抑制作用[①]。

（三）养老保险对消费的影响不确定性

巴罗（Barro）基于代际转移理论分析，认为老年人收入主要来自年轻人的保险缴费，其收入实质上是一种代际转移。因此，父母会尽可能增加储蓄以保留财富，用遗产的形式对子女现阶段的转移支付进行补偿[②]。大卫（David）运用国际视角，对12个国家养老保险与居民消费之间的关系进行分析。经研究发现，因不同国家的经济、政治、文化传统不同，养老保险对居民生活和收入预期的影响不同，因此两者之间的关系具有不确定性[③]。国内学者也进行了相关研究论证。李珍、赵青基于消费理论构建全国时间序列模型和省际面板数据模型，研究结果显示养老保险对居民消费产生挤出效应，并没有验证理论设想。相对于养老保险对消费的促进作用，我国惯性的储蓄行为才是影响居民消费储蓄率的重要因素。居民消费储蓄行为是复杂的，受多种因素影响，养老保险对消费的影响有待商榷[④]。杨翠迎、汪润泉使用全国流动人口动态检测数据研究职工养老保险对流动人口消费的影响。研究结果表明社会保障制度给农村户籍人口和城市户籍人口带来的边界消费倾向不同。养老保险在一定程度上促进低收入群体消费，抑制高收入群体消费，因此影响具有不确定性[⑤]。

以上研究表明，养老保险对消费的影响尚无定论。不同的理论和模型构建、不同的国情，加之消费具有复杂性、主观性、影响因素多样性，使研究结果差异较大。

第二节　城乡居民养老保险与居民消费现状分析

一、我国城乡居民养老保险的发展情况分析

（一）我国养老保险制度构成与改革历程

我国当前存在多种形式的社会养老保险，其参保人群、缴费规定和养老金水平等方面均存在较大差异，不同类型养老保险的实施时间与改革历程也不相同。根据《中华人民共和国社会保险法》关于养老保险的规定，我国目前的社会养老保险主要有机关事业单位养

---

① 冯博．中国养老保险制度对城镇居民消费的影响——基于OLG模型和2012年中国省际横截面数据的实证分析［J］．经济研究导刊，2015（12）：44-46.

② BarroR. Aregovern mentbonds netwealth? Journal of Political Economy［J］. Access & Download Statistics，1974（6）：1095-1117.

③ DavidE P. Pension Funds：Retirement Income Security and Capital Markets：An International Perspective［J］. Oup Cata-logue，2011，8（2）：e64596-e64596.

④ 李珍，赵青．我国城镇养老保险制度挤进了居民消费吗？——基于城镇的时间序列和面板数据分析［J］．公共管理学报，2015，12（4）：102-110，158.

⑤ 杨翠迎，汪润泉．城市社会保障对城乡户籍流动人口消费的影响［J］．上海经济研究，2016（12）：97-104.

老保险、城镇企业职工基本养老保险（简称城镇职工基本养老保险）和城乡居民基本养老保险（由城镇居民社会养老保险和新型农村社会养老保险合并而成）。从实施时间来看，机关事业单位养老保险和城镇企业职工基本养老保险开始实施的时间较早，主要针对从事受雇工作的人员。城乡居民基本养老保险开始实施的时间较晚，针对不属于前两类保险覆盖范围的其他居民，主要包括农业从业者、自由从业者或者其他无正式职业的群体。各类养老保险的主要改革历程如表 3-1 所示，表中列示了部分关键年份的改革内容。

表 3-1　养老保险制度改革关键节点

年份	文件名称	主要内容
1951	中华人民共和国劳动保险条例	企业职工保险待遇的规定
1955	国家机关工作人员退休处理暂行办法 国家机关工作人员退职处理暂行办法 国务院关于处理国家机关工作人员退职、退休时计算工作年限的暂行规定	为国家机关工作人员单独作出相关规定
1958	国务院关于工人、职员退休处理的暂行规定	统一规定企业职工和机关事业单位工作人员的退休条件
1969	关于国营企业财务工作中几项制度的改革意见（草案）	取消劳动保险基金的征集管理，改为企业营业外列支
1978	关于安置老弱病残干部的暂行办法 关于工人退休、退职的暂行办法	对工人和干部的退休办法分别作出规定
1991	国务院关于企业职工养老保险制度改革的决定	明确社会统筹的改革方向
1992	县级农村社会养老保险基本方案（试行）	在农村开展社会养老保险制度
1997	国务院关于建立统一的企业职工基本养老保险制度的决定	统一规定了基本养老保险的实施标准
1999	国务院批转整顿保险业工作小组保险业整顿与改革方案的通知	对农村社会养老保险“停止接受新业务”
2005	国务院关于完善企业职工基本养老保险制度的决定	完善相关问题，调整个人账户相关指标
2009	国务院关于开展新型农村社会养老保险试点的指导意见	试点探索新农保制度
2011	国务院关于开展城镇居民社会养老保险试点的指导意见	试点探索城乡居民养老保险制度
2014	国务院关于建立统一的城乡居民基本养老保险制度的意见	将新农保和城乡居民养老保险合并为城乡居民基本养老保险
2015	国务院关于机关事业单位工作人员养老保险制度改革的决定	将机关事业单位职工的退休金改为社会养老保险金

新中国成立后，经济逐渐恢复，国家为了保障劳动者的合法权益，制定了相关的社会保障政策。1951 年《中华人民共和国劳动保险条例》颁布，这是新中国第一个内容较为全面的社会保险法规，文件对企业职工的工伤、医疗、养老和生育等方面的保险待遇作出了比较详细的规定。其中，退休年龄的规定为男性 60 岁，女性 50 岁（其他特殊情况另有

规定），养老补助费一般为本人工资的35%～60%。该条例还规定了企业需按月缴纳劳动保险金，使劳动保险可以在一定程度上实现社会化管理。由于国家机关工作人员与企业职工的工龄计算方法和待遇标准存在差异，该条例并不适用于国家机关工作人员。为此，国家在1955年发布相关政策，规定了国家机关内男性退休年龄为60周岁，女性为55周岁，退休金由县级人民委员会负担。1958年，国家对上述两类工作人员的退休制度重新进行了统一说明，随后的职工养老保险工作处于停滞状态。1969年颁布的改革意见取消了劳动保险基金的征集管理，改为企业的营业外列支，这使得养老保险失去全国统筹和社会调剂的作用，变成企业自身的责任。改革开放以后，经济得到发展，养老保险改革开始步入正轨，国家在1978年分别公布了干部和工人的退休退职办法以区别两种身份，但文件仍然规定企业人员退休费用由企业行政负责支付，而机关事业单位由县级民政部门负责。1991年，国务院下发改革决定，明确指出要实现基本养老保险基金的社会统筹，改变由国家和企业完全承担的现状，其费用由“国家、企业、个人三方共同负担”，企业职工养老保险重新步入社会化管理。1997年统一规定了基本养老保险的实施标准以避免区域间差异过大，并提出“过渡性养老金”的概念及实施方法，用以解决养老保险制度改革进程中的相关规定前后不一致的问题。在总结东三省试点经验的基础上，国务院2005年出台了相关完善政策，继续抓紧做实个人账户，个人账户规模由占工资的11%统一下调为8%，全部由职工个人负担，并统一规定了基本养老金的计发方法。与此同时，国家也在积极探索农村养老保险的实施方式，1992年民政部颁布了在农村地区实施养老保险的基本方案，鼓励农村居民参与。但农村养老保险在实施过程中遇到诸多问题，1999年国家停止了该制度的实施，认为当时的社会养老保险在农村不适用，要“停止接受新业务”。随后，国家开始了新型农村社会养老保险（简称新农保）的探索，在2009年开展了相关试点工作，并逐步扩大试点范围。新农保主要针对的是农业户籍的居民，仍然有大量非农业户籍的城镇居民既不在机关事业单位养老保险或职工养老保险的覆盖范围内，也不属于新农保的参保对象。因此，与新农保相对应的，国家于2011年开展了针对城镇居民的社会养老保险（简称城乡居民养老保险）试点工作。2012年，新农保和城乡居民养老保险基本实现了制度全覆盖。2014年，在总结试点经验的基础上，国家将新农保和城乡居民养老保险两项制度合并实施，统一并轨为城乡居民基本养老保险。机关事业单位养老保险的改革相对滞后，其基本模式一直较为稳定，但随着其他类型养老保险改革进程的推进，其原有模式也显露出一些问题。为此，国务院2015年出台相关改革决定，使得机关事业单位职工的退休金改为社会养老保险金，和企业职工养老金的计发办法一致，也实现了社会统筹与个人账户相结合的模式。

（二）城乡居民基本养老保险发展历程

1986年农村社会保障制度开始试点，2014年新型农村社会养老保险和城镇居民社会养老保险合并，推出全国统一的城乡居民基本养老保险制度。2017年，党的十九大报告提出，城乡居民基本养老制度需要尽快完善。不难看出，随着时间的推移，政府社会保险的政策也开始从特定的受众向全部居民转移，参保居民覆盖面日益扩大。

1. 新农保初步试点

1986 年，民政部召开全国农村基层社会保障工作会议，建立了我国农村社会保障制度，为农村居民创建养老账户，同时决定在经济较发达的农村地区进行试点，这一时期被称为旧农保。1993 年，在政府的引导下，农村居民纷纷响应政策，旧农保发展迅速。然而，由于旧农保采用现收现付制，导致资金链紧张，收益低于预期，居民开始丧失信心，政策推行举步维艰。2008 年，出台《中共中央关于推进农村改革发展若干重大问题的决定》，指出新型农村社会养老保险制度应由政府补贴、个人缴费、集体补助相结合，新农保概念在政府文献当中正式被提出。2009 年，国务院决定在全国试点。新农保的“新”是比较于我国部分省份农村地区开展的旧农保而言的，两者的区别在于，旧农保政府或集体没有参与个人缴费与养老金的领取，居民只能依靠自我储蓄。而新农保打破了以往筹资的模式，建立了多渠道筹资的方式，再一次提高了农村居民参保积极性。这一阶段也标志着我国发展社会保险又取得重要成就。

2. 城乡居民基本养老保险政策的起源

2011 年 7 月 1 日，在新农保的基础上，国务院决定以个人缴费与政府补贴的筹资模式在全国范围内试点推行城镇居民社会养老保险。个人缴费标准为 100~1200 元/年，每个档次间隔 100 元，共 12 个档次，国家补贴标准为全额支付与每人 30 元/年的补助相结合的方式。同时在一些地区，城乡居民社会养老保险与新型农村社会养老保险可以并驾齐驱。2014 年 2 月 7 日，为实现城乡一体化，建立统一的城乡居民基本养老制度，国务院决定合并新型农村社会养老保险和城镇居民社会养老保险。整合后，覆盖范围为年满 16 周岁（不含在校学生），非国家机关和事业单位工作人员及不属于职工基本养老保险制度覆盖范围的城乡居民，可以自愿在户籍所在地参保。缴费标准由原来的 100~1200 元/年变为了 100~1200 元/年、1500 元/年、2000 元/年。政府补贴也有了新的变化：一是由原来的全额补贴更改为西部地区全额补贴，东部地区减半；二是地方政策对最低档次给予每人 30 元/年的补助，500 元以上缴费的，给予每人 60 元/年的补贴。2017 年 10 月 18 日，党的十九大报告指出，建立全国统一的社会保险公共服务平台，是实现统一的城乡居民基本医疗保险制度的重要一步，也是极为关键的一步。

城乡居民基本养老保险，为我国城乡居民提供了平等的机会与权利，缩小了国家贫富差距，提升了养老保险的社会共济性，推动养老保险向更加公平的方向发展。

（三）城乡居民基本养老保险发展情况分析

2009 年 9 月 1 日，国务院出台《关于开展新型农村社会养老保险试点的指导意见》，决定实行新型农村社会养老保险的试点。2011 年 3 月发布的《国民经济和社会发展的第十二个五年规划纲要》中提出要在“十二五”期间实行新农保制度的全覆盖，同年 7 月起实施的《中华人民共和国社会保险法》中对新农保进行了规定，为以后的养老保险法或者是养老保险条例奠定了基础。2014 年，决定合并新型农村社会养老保险和城镇居民社会养老保险，建立全国统一的城乡居民养老保险制度，在全国基本实现新农保和城乡居民养老保险制度合并实施，并与职工基本养老保险制度相衔接。我国职工养老保险发展分为四个阶段，分别是传统养老保险制度、以集体保障为主的社会养老保障制度、试点并推行养老保险社会统筹、建立“统账结合”养老保险模式。目前，我国已经全面建成公平、统一、规范的城乡居民养老保险制度，与社会救助、社会福利等其他社会保障政策相配套，更好地保障了参保居民的老年基本生活。

如表 3-2 所示可以看出，城乡居民基本养老保险参保人数从 2014 年的 84232 万人稳步增加到 2021 年的 102871 万人，表明我国基本养老保险的覆盖率越来越高。从 2016 年到 2018 年，基本养老保险参保人数明显增加，这是因为 2018 年我国在全国范围内提高了城乡居民基本养老保险的最低标准，大大提高了对城乡居民的激励作用。2018 年之后，增速已经开始放缓。从 2014 年新农保和城镇居民养老保险合并以来，城乡居民养老保险一直处于不断发展之中，在国家各项政策的支持下不断地完善。由表 3-2 可知，我国养老保险基金的收支和结余一直处于同步增长的状态，2021 年年末基本养老保险基金收入 65793 亿元，是 2014 年的 2. 38 倍；2021 年累计结余金额为 63970 亿元，是 2014 年的 1. 8 倍。养老基金的规模越来越大，能够为人民提供更多的福利待遇。总体来说，养老保险基金的发展状况良好。

表 3-2　2014—2021 年城乡居民基本养老保险的发展情况

年份	参保人数（万人）	基金收入（亿元）	基金支出（亿元）	累计结余（亿元）
2014	84232	27620	23326	35645
2015	85833	32195	27929	39937
2016	88777	37991	34004	43965
2017	91548	46614	40424	50202
2018	94293	55005	47550	58152
2019	96754	57026	52342	62843
2020	99865	49229	54656	58075
2021	102871	65793	60197	63970

资料来源：《中国统计年鉴》。

国际上衡量一个国家社会养老保险发展水平的重要指标就是养老金占 GDP 的比重。与国外发达国家相比，我国养老保险基金占 GDP 的比重非常低，如表 3-3 所示。国外养老金占比最高的国家是挪威，占比高达 80%以上，大部分发达国家的占比都在 15%~30%之间。从表 3-3 中可以看出，我国养老保险基金支出占 GDP 的比重也很低，而且每年的增长速度也在逐渐放慢，这都在一定程度上反映出我国的社会养老保险水平需要进一步提升，不管是保险密度还是保险深度都有巨大的发展空间。这对我国应对老龄化和防范社会风险，提高人民幸福生活指数，以及促进我国经济高质量发展都具有重要的意义。

表 3-3　养老保险基金收支情况

年份	养老保险基金支出（亿元）	GDP（亿元）	基金支出占GDP比重	养老保险基金结余	占GDP的比重
2014	23325	643563. 1	3. 62%	35644	5. 54%
2015	27929	688858. 2	4. 05%	39937	5. 8%
2016	34004	746395. 1	4. 56%	43965	5. 89%
2017	40424	832035. 9	4. 86%	50202	6. 03%
2018	47550	919281. 1	5. 17%	58152	6. 33%
2019	52342	986515. 2	5. 13%	62873	6. 37%
2020	54656	1013567. 0	5. 38%	58075	5. 72%
2021	60197	1143669. 7	5. 26%	63970	5. 60%

资料来源：《中国统计年鉴》。

二、居民消费现状分析

（一）居民人均可支配收入及人均可支配支出

近年来，我国经济发展水平不断提升，综合国力持续提升，居民收入不断增加。2012年居民人均可支配收入为16510元，2021年提升至35128元，增加18618元。居民人均可支配支出由12054提升至24100元，增加12046元。2020年，在新冠疫情的影响下，居民人均可支配收入小幅度增长，居民人均可支配支出呈现下降趋势。随着疫情开始得到有效控制，复工复产的力度加大，国内经济开始复苏，居民人均可支配收入与人均可支配支出开始呈现正增长，如图3-1所示。

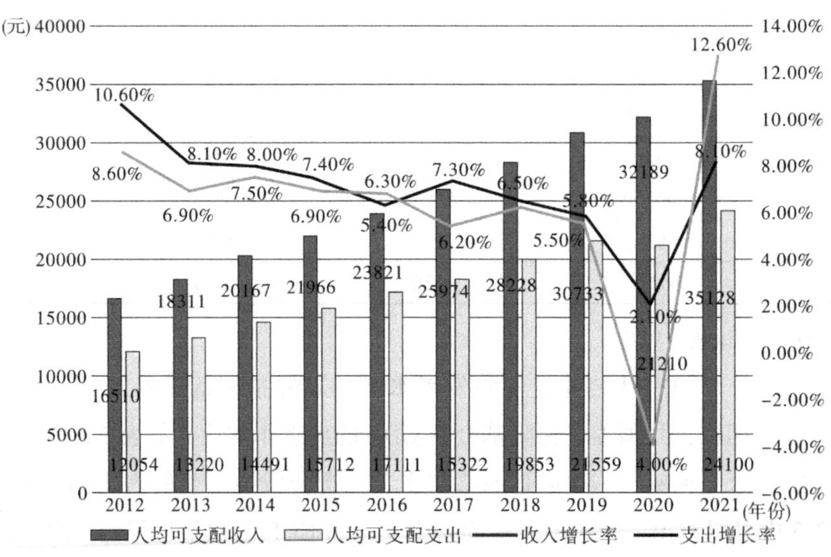

图 3-1　2012—2021 年居民人均可支配收入及人均可支配支出

资料来源：《中国统计年鉴》。

（二）居民家庭消费结构

居民消费结构与居民收入水平息息相关，而居民收入在很大程度上取决于国家经济发展水平。对于发达国家而言，生活必需品占消费支出的比例较小，而用于娱乐方面的支出比例较高。我国是发展中国家，食品、居住的支出占比较高，具体情况如表 3-4 所示。

表 3-4　2012—2021 年居民消费结构占比

年份	人均食品烟酒支出占人均消费支出比例	人均衣着支出占人均消费支出比例	人均居住支出占人均消费支出比例	人均生活用品及服务支出占人均消费支出比例	人均交通通信占人均消费支出比例	人均娱乐占人均消费支出比例	人均教育文化占人均消费支出比例	人均其他用品及服务占人均消费支出比例
2012	33.04%	8.23%	20.57%	6.15%	12.04%	10.47%	6.95%	2.55%
2013	31.22%	7.77%	22.69%	6.10%	12.31%	10.57%	6.90%	2.46%
2014	31.01%	7.58%	22.09%	6.14%	12.90%	10.60%	7.21%	2.47%
2015	30.64%	7.41%	21.76%	6.05%	13.28%	10.97%	7.41%	2.48%
2016	30.10%	7.03%	21.89%	6.10%	13.66%	11.19%	7.64%	2.37%
2017	29.33%	6.76%	22.42%	6.12%	13.64%	11.39%	7.92%	2.44%
2018	28.36%	6.49%	23.41%	6.61%	13.47%	11.21%	8.49%	2.40%
2019	28.22%	6.21%	23.45%	5.94%	13.28%	11.66%	8.82%	2.43%
2020	30.16%	5.84%	24.59%	5.94%	13.02%	9.58%	8.69%	2.18%
2021	29.78%	5.89%	23.41%	5.90%	13.10%	10.78%	8.78%	2.36%

资料来源：《中国统计年鉴》。

由表 3-4 可知，我国居民人均食品、衣着、居住、生活用品及服务支出占比分别由 2012 年的 33.04%、8.23%、20.57%、6.15% 下降至 2021 年的 29.78%、5.89%、23.41%、5.90%，而交通、娱乐支出占比分别由 2012 年的 12.04%、10.47%提升 2021 年的至 13.10%、10.78%。由此可见，居民生活质量有较大的提升，消费结构也从单一化向多元化、多层次转变，消费结构有所改善。

（三）居民家庭消费现状及储蓄动机分析

以支出法计算国内生产总值时，最终消费是其重要组成部分，而最终消费可以进一步拆分为居民消费和政府消费。图 3-2 为世界银行人均居民最终消费的相关统计数据，该数据以 2010 年不变价美元来衡量各个国家的消费支出。从绝对值来看，我国的人均居民最终消费值低于世界平均水平，更远低于高收入国家。根据世界银行的收入分组，中国属于中高等收入国家，而中高等收入国家的平均数值也高于我国。以 2019 年为例，人均居民最终消费值的世界平均水平为 6297.47 美元，高收入国家为 26210.71 美元，中高等收入国家为 4496.29 美元，而我国仅为 3338.74 美元。从消费增长率来看，我国的增长速度较快，高于图中列示的其他国家水平，这主要得益于经济增长。

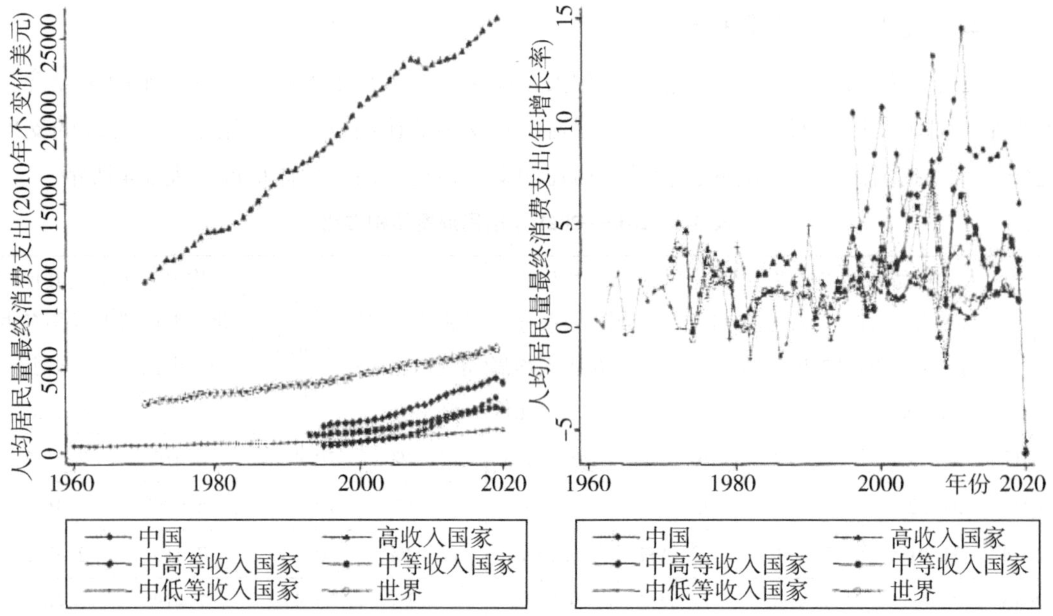

图 3-2　人均居民最终消费对比

资料来源：世界银行。

居民最终消费率指的是居民最终消费占国内生产总值（GDP）的比例，图 3-3 为我国与不同收入分组国家的最终消费率。可以看出，我国的居民最终消费率低于任何一个收入分组的平均居民最终消费率。以 2019 年为例，居民最终消费率的世界平均值为 59.56%，中高等收入国家为 51.41%，而我国仅为 39.25%。从时间趋势来看，中国的居民最终消费率在 2011 年之前整体呈现下降趋势，2000 年至 2011 年间的下降尤为明显，从 46.73%下降至 34.92%。尽管中国的居民最终消费率自 2011 年开始有缓慢上升的趋势，但整体数值仍然偏低。

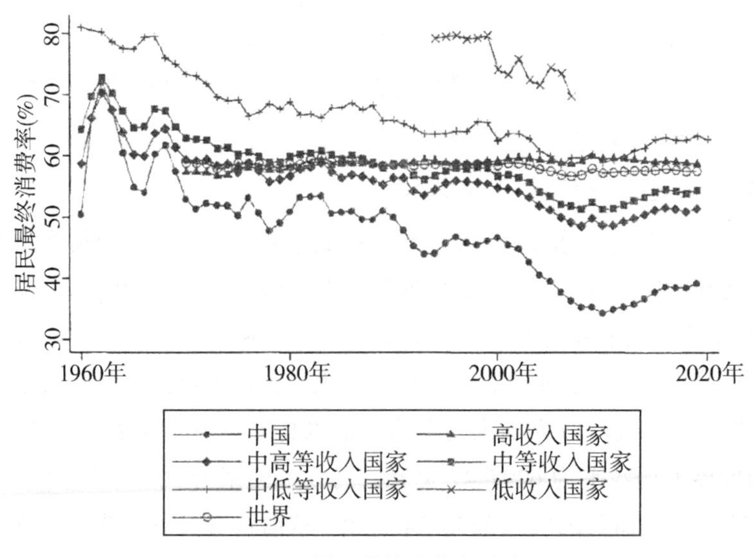

图 3-3　居民最终消费率对比

总的来看，与世界平均水平或各层次收入国家平均水平相比，无论是人均消费绝对值还是居民最终消费率，中国均处于偏低的位置，因此释放居民消费以提升居民福利水平仍然是十分重要的议题。从储蓄角度来看，居民储蓄一方面可以视作收入扣除消费支出后的剩余，另一方面可以视作出于特定目的而进行的积累。从居民的储蓄动机来看，购房费用、子女教育费用或个人养老费用是几个常见的存款目的，这几类费用的特点是使用周期较长，涉及货币金额较大。个体参与养老保险后，能够在达到领取条件后获得可预期的稳定收入流，其老年阶段生活的收入来源可以得到一定程度的保障，从而可能使养老储蓄动机减弱，进而释放部分居民消费。

居民的储蓄动机相对主观且复杂，个体或家庭通常同时存在多个储蓄动机。在不同年龄阶段或家庭经济条件下，各个类别储蓄动机的强度会有所差异。从数据收集的角度看，仅通过观察个体或家庭的消费储蓄金额无法获取其储蓄动机，可以通过相关问卷调查直接询问受访者的储蓄动机，为分析居民消费和储蓄行为提供参考。1990—1992 年，中国人民银行进行了六次全国储蓄意向问卷调查，调查样本既包含城镇储户也包含农村储户，根据受访者对问题“存钱打算做什么”的回答，可以得到居民的主要储蓄动机，历次调查结果的汇总如表 3-5 所示。

表 3-5 储蓄意向抽样问卷调查结果

储蓄动机	第一次（%）	第三次（%）	第五次（%）	第六次（%）	均值
子女教育	22.8	21	19	17	19.95
高档消费品	13	13	—	11	12.33
养老	13.2	13	12	11	12.3
利息	11.1	15	13	10	12.28
住房	10.2	9	13	15	11.8
结婚	11.1	12	—	9	10.7
防意外事故	14.4	10	—	8	10.8
经营周转金	4.4	5	—	7	5.47
其他（无明确目的）	—	—	—	12	12

注：表中数字指的是将该储蓄动机作为主要存款动机的受访者比例，这些数字是根据资料来源中的文字描述转换所得，因此部分储蓄动机数据在某些调查轮次中存在缺失，表中的均值是由所有可获取调查轮次的相应数值进行简单平均计算所得。

资料来源：中国人民银行。

由于中国人民银行进行的这几次调查跨越时间区间较短，因此本部分将各轮次调查结果取均值进行分析，以忽略单个储蓄动机数据在不同轮次之间的波动。根据表 3-5 中的均值结果，子女教育费用是调查年份内居民的首要储蓄动机，高档消费品购买、养老以及获取利息的储蓄动机处于次要位置，储备购买或建造住房费用、储备结婚费用以及预防意外的储蓄动机排序相对靠后，为经营储备周转金的储蓄动机占比最低。可以看出，上述几类储蓄动机既包含为特定目的而进行的主动储蓄，也包含为应对不确定风险而进行的预防性储蓄。综上所述，为养老进行储蓄在所有类别的储蓄动机中占有重要位置。但是，由于居民存在多样的储蓄动机，其他储蓄动机可能会对养老储蓄动机产生挤出效应，影响养老储蓄的规模大小，从而有可能影响居民在老年阶段的福利状况。

一般情况下，居民通过参加社会养老保险可以在老年阶段获取一定水平的稳定养老金收入，从而有助于缓解养老储蓄不足的问题。同时，养老保险也有助于减少居民在老年阶段的收入不确定性，从而有助于稳定居民预期，进而有可能释放居民消费，提升居民消费水平以及生活质量。

总的来说，居民的养老保险参与率逐年增加，城乡居民基本养老保险的实施使得所有居民均被养老保险制度覆盖，参保率有大幅度提升。同时，不同种类养老保险所给付的养老金水平存在较大差异，这一方面与参保者本身的缴费水平相关，另一方面也与不同种类保险的政策特点相关。城乡居民基本养老保险带有福利性质，既有个人缴费也有集体补助和政府补贴，所针对的群体主要是农村居民或无正式职业的城镇居民，这类群体本身的收入水平偏低，自主选择的缴费水平也通常低于城镇职工基本养老保险的参与者，最终可领取的养老金水平也偏低。居民参保类型受到其工作状态、工作类别和工作单位类型等因素的影响，居民可以根据自身情况选择相应的养老保险，尽管不同类别的养老保险存在差异，但其均可以为参保者的老年阶段提供一定程度的保障，从而可能影响到消费行为。

三、实证模型与数据

本部分通过利用微观调查数据分析基本养老保险对居民消费的影响，来初步探析城乡居民基本养老保险制度的发展对居民消费支出水平以及消费结构的影响。

（一）数据来源

本研究采用中国家庭金融调查（CHFS）2017 年的数据。2017 年是 CHFS 研究中心开展的第五次调查，是西南财经大学中国家庭金融调查与研究中心在北京金融街正式发布的全国首份《中国家庭金融调查报告》。样本覆盖全国 29 个省（自治区、直辖市），350 余县的 1400 多个村（居）委会，样本达 40000 余户①，涉及家庭资产、负债、收入、消费、保险、保障等各方面的数据，其权威性和翔实的内容填补了行业的空白，不仅全面客观地反映了当前我国家庭金融的基本状况，更对我国家庭金融行为的了解提供了有价值的补充。鉴于研究问题为基本养老保险对家庭消费的影响，本研究以家庭为单位进行研究。为提高研究的准确性，本研究选取 2017 年较之前新增的 13187 户家庭作为研究单位。因为

① 中国家庭金融调查中心（CHFS）. https：//chfs. swufe. edu. cn/datacenter/apply. html.

户主一般对家庭决策具有较大影响力，故在研究个人层面的相关问题时以户主为样本。通过对数据的处理，剔除极端值和错误值，最后筛选出 12607 个样本作为本次研究的对象。

（二）变量设置和描述性统计

为研究城乡居民基本养老保险对家庭支出的影响，本研究设置以下变量并对变量进行处理如表 3-6 所示。本研究将家庭消费作为被解释变量，并将家庭支出细化为食物消费、衣物消费、教育消费、旅游消费，其中食物和衣物为基本层次需求，教育为第二层次需求，旅游为较高层次消费的代表。多层次的设置可更立体、全面地观察养老保险对家庭支出的影响。

表 3-6　主要变量含义及处理

符号	变量	变量含义及处理
Con_ food	食物消费	家庭食品年开支的对数
Con_ clo	衣物消费	家庭衣物年开支的对数
Con_ edu	教育消费	家庭教育年开支的对数
Con_ tra	旅游消费	家庭旅游年开支的对数
Ins	基本养老保险	参加=1，无参加=0
Inc	家庭年收入	取家庭年总收入的对数
M	婚姻状态	已婚=1，其他=0
E	教育程度	小学及以下=1，初中=2， 高中=3，大专及以上=4
G	性别	男=1，女=0
H	健康状况	非常好=1，好=2，一般=3，不好=4，非常不好=5
U	户籍	农村户口=1，非农户口=0
P	家庭人数	家庭人口数（个）
A	年龄	实际年龄（岁）

以户主是否参加基本养老保险作为解释变量，回归系数的大小和相关性可直接反映养老保险对家庭消费的影响程度。设定参加基本养老保险为 1，不参加则为 0。

此外，鉴于家庭消费具有复杂性，受到多种因素的影响，模型中设置了家庭年收入、婚姻状况、教育程度、性别、健康状况、户籍、家庭人数、年龄 8 个控制变量。为降低极端值影响，对家庭年收入这一变量进行取对数处理。将教育程度设置为 4 类，整体观察教育水平对消费的影响。此外，健康状况直接关系到收入和消费预期，因此将其细化为 5 个等级进行分析。表 3-7 描述了主要变量的统计信息。由表 3-7 可知，样本中平均家庭人数为 2. 9 人，家庭收入的平均值接近 10 万元，家庭人均收入约 34000 元，但处理极端值后的样本标准差仍很大，说明家庭收入差距较大。健康状况呈中等偏上水平，这与平均年龄为 53. 28 岁、整体身体机能处于相对稳定期相关。教育水平介于初中毕业与高中毕业之间，受教育程度偏低。

表 3-7 变量的描述性统计

变量	观测样本	平均值	最大值	最小值	标准差
家庭收入	12607	99772.6	5000000	1	212325.9
教育程度	12607	2.41	4	1	1.09
家庭人数	12607	2.94	15	1	1.45
健康状况	12607	2.49	5	0	1.00
婚姻状况（已婚=1）	12607	0.82	1	0	0.38
年龄	12607	53.28	98	16	15.45
养老保险（有=1）	12607	0.78	1	0	0.41
户籍（农村=1）	12607	0.42	1	0	0.49
性别（男=1）	12607	0.54	1	0	0.43

表 3-8 和表 3-9 分别描述了样本的户籍分布情况和不同户籍下养老保险参加情况，可知样本中非农村户口偏多。从养老保险参保率来看，平均参保率为 78%，其中农村参保率为 68.1%，城市为 85.3%，可见我国基本养老保险整体覆盖率还有较大的扩展空间。城市参保率较高，农村参保率低于城市，说明我国基本养老保险发展农村落后于城市。

表 3-8 户籍分布

户籍类型	频数	比例
农村户口	5303	42%
非农村户口	7304	58%
合计	12607	100%

表 3-9 城镇和农村参加养老保险情况

	参保人数	未参保人数	参保率
农村户口	3610	1693	68.1%
城镇户口	6229	1075	85.3%
总数	9839	2768	78%

（三）模型设置

关于社会保险对家庭消费的研究，学界采用不同方法进行定量分析。鉴于本研究采用的是 2017 年的截面数据，且主要目的是研究不同因素对家庭消费的影响，故选择最小二乘法。假设解释变量和各个控制变量与家庭支出成线性关系，建立计量模型为：

$$con\_\ i=\alpha+\beta ins_i+\gamma X_i+\varepsilon_i$$

模型中 $Con\_\ i$ 表示家庭消费的对数，分别对食物消费、衣物消费、教育消费、旅游消费进行分析；α 为常数项；ins_i 代表第 i 个样本是否参加基本养老保险，为本研究的主要分析对象；X_i 为第 i 个样本的控制变量，包括家庭收入的对数、性别、婚姻状况、年龄、教育程度、健康状况、户籍、家庭人数；β 和 γ 分别为解释变量 ins_i 和控制变量 X 的回归系数，代表影响家庭消费的程度；ε_i 为误差项；i 表示第几个样本（1，2，…，12607）。

四、实证分析

本研究使用 statal6. 0 软件完成，利用上述模型进行最小二乘法回归分析，回归结果分析如表 3-10 所示。

表 3-10　基准回归结果

变量	食物消费（对数）	衣物消费（对数）	教育消费（对数）	旅游消费（对数）
养老保险	−0. 068 *** (−4. 02)	−0. 136 *** (−4. 92)	−0. 003 (−0. 07)	−0. 02 (−0. 30)
家庭收入（对数）	0. 150 *** (30. 91)	0. 215 *** (26. 51)	0. 111 *** (7. 16)	0. 26 *** (13. 73)
婚姻	0. 182 ** (9. 33)	0. 037 (1. 14)	0. 302 *** (4. 19)	0. 19 *** (2. 79)
教育程度	0. 119 *** (16. 80)	0. 298 *** (25. 61)	0. 214 *** (9. 18)	0. 25 *** (10. 16)
性别	−0. 072 *** (−4. 40)	−0. 140 *** (−5. 21)	−0. 152 *** (−2. 91)	−0. 066 (−1. 31)
健康状况	−0. 072 *** (−10. 35)	−0. 158 *** (−13. 68)	−0. 05 ** (−2. 94)	−0. 067 ** (−2. 47)
户籍	−0. 465 *** (−29. 76)	−0. 036 (−1. 43)	−0. 069 (−1. 40)	−0. 510 *** (−8043)
家庭人数	0. 07 *** (14. 08)	0. 157 *** (18. 74)	0. 032 * (1. 94)	−0. 013 (−0. 62)
年龄	−0. 0002 (−1. 35)	−0. 002 *** (−7. 65)	0. 0003 (0. 69)	0. 0001 (0. 65)

注：***、**、* 表示结果在 1%、5%、10%的置信水平下显著。

（一）基本养老保险对家庭支出的影响

回归结果显示，参加基本养老保险对食物消费、衣物消费在 1%的水平上产生负向影响，可见基本养老保险对家庭消费产生了一定的挤出效应。其中食物消费的系数为 0. 068，因为食物消费为生活必需品，消费弹性小，因此影响较小。衣物消费的系数为 0. 136，可能是因为缴纳基本养老保险费减少了当期收入，在一定程度上抑制了衣物支出。同时，参加基本养老保险对教育消费和旅游消费几乎不产生影响。一方面，这与义务教育的普及和家庭对教育的重视程度提高相关，义务教育在全国范围内的普及在很大程度上降低了家庭前期教育投资压力；同时，受“再穷不能穷教育”思维的影响，家庭一般会满足学生的教育需求，因此不会压缩教育投资。另一方面，旅游属于较高层次的需求，收入较低的家庭一般会将投资优先满足基本生活需求，同时，这也与我国旅游事业开发不充分有关。对于较高收入家庭，基本养老保险的缴费并不会对资产产生较大影响，因此不会大幅改变消费结构。

（二）控制变量对家庭支出的影响

从回归结果可知，家庭收入在1%的水平上对各项家庭消费均产生显著影响。这与收入—支出理论相吻合，可见收入是影响家庭支出的最重要因素。其中，收入对衣物消费和旅游消费的影响大于对食物消费和教育消费的影响，这与衣物、旅游的消费弹性较大相关；婚姻在1%的水平上对食物消费、教育消费和旅游消费产生正向影响，分别会增加18.2%、30.2%、19%的食物、教育和旅游支出。这与结婚后的家庭人数增加、家庭娱乐消费水平提高相关；同时，结婚后要为孩子准备教育投资和消费。教育程度在1%的水平上对家庭各项消费均产生正向促进作用。一般而言，收入水平与教育程度成正相关关系。教育是一种人力资本投资，受教育水平的提高在一定程度上会增加个人的劳动生产率和价值，进而提高收入水平，而收入水平的提高则会对消费产生正向促进作用。回归结果显示，性别对消费的影响回归系数均小于0.1，几乎没有影响。健康状况对各项消费均有负向影响，即健康状况越差，对消费的抑制效果越明显，这是因为健康状况差会导致家庭增加用于医疗支出的预防性储蓄。户籍状况也会对在1%的水平上家庭食物消费和旅游消费产生显著影响。城镇户籍相比于农村户籍分别增加了46.5%和51%的食物消费和旅游消费，这与城镇整体生活水平较高有关。

（三）结论分析

社会保障与消费之间的关系是学界研究的持续性热点，如何实现社会保障与经济发展的双重目标对国家发展与社会稳定具有重要的现实意义。基于中国家庭金融调查2017年数据，建立计量模型探讨基本养老保险对家庭消费支出的影响，主要有以下结论。

1. 养老保险对不同种类家庭消费的影响具有差异性，整体为负向影响

回归分析结果表明，参加基本养老保险会对家庭消费产生轻微的挤出效应，但对教育消费和旅游消费几乎没有影响。这主要是因为缴纳养老保险费实质上是平滑一生中的消费。目前我国养老保险缴费率较高，对于一般收入家庭而言，缴纳养老保险将会带来当期收入的实质性减少，加之我国人民普遍具有预防性储蓄的社会心理，因此将导致家庭压缩消费支出，对当期消费产生负向影响。

2. 家庭收入是影响消费支出的主要因素，收入的增加会促进消费支出的增加

可见要实现消费拉动经济的目标，根本上还是要增加居民收入，促进收入公平。目前

我国人均收入水平不断提高，但仍存在居民收入占比偏低的问题。同时，不同行业、不同地区、不同类型的工作收入水平差距较大。加之近年来灵活就业人数的持续增加和弹性工作制的发展，收入不稳定性因素增多。

3. 受教育程度、健康状况和所处城乡区域对家庭消费支出具有较为显著的影响

教育程度显著促进家庭消费。作为一种人力资本的投资，教育在一定程度上与收入成正相关关系，劳动能力和投资能力的提高可增加收入，进而促进消费。健康状况对消费也会产生显著影响。较差的健康状况会使家庭增加用于医疗和康复的目标性储蓄，进而对家庭消费产生挤出效应。相较于非农村户籍，农村户籍对家庭消费具有基础效应，这反映出我国城乡发展的不均衡会影响消费。一方面，城乡收入差距较大；另一方面，目前我国社会保障发展不均衡，农村社会保障水平低于城镇，农村应对养老、医疗等社会风险的能力差。

第三节　优化城乡居民养老保险制度的政策建议

基于前文分析，现阶段，我国城乡居民养老保险制度整体上对居民消费有着一定程度上的抑制作用。因此，优化城乡居民养老保险制度，逐渐减少其对居民消费的抑制作用，成为当前制度发展过程中的首要问题。

一、建立城乡居民基本养老保险强制参保制度

目前，我国实施的城乡居民基本养老保险参保制度不是强制性的，这不利于城乡居民基本养老保险发挥社会保障作用。而且，非强制性的自由选择，会导致保险“退停拒拖”现象，一方面影响制度的正常运行，另一方面也会导致一些资金流失，最终由政府支付，从而增加财政负担，这不利于发挥部分积累制的制度优势。通过立法强行让城乡居民参保，可以解决青年参保意愿不强、缴费水平低、短板突出、个人账户养老金替代率偏低等逆向选择和非理性行为问题。从理论上讲，我国实施强制性参保是符合公平原则、效率原则及可持续发展理念的。从前文的分析中可知，目前，我国城乡居民基本养老保险覆盖不足，同时有些居民可能第一年参保，第二年就退保，这些都不利于城乡居民基本养老保险制度发挥实际作用。而建立强制参保制度一方面能够提高参保率，保证养老基金正常运行；另一方面能够减少居民的非理性行为，防范道德风险和逆向选择。当然，在实行强制参保制度时，还需要考虑居民的实际情况，有些居民收入低，难以承担缴费费用，此时应由政府出面，发挥财政转移支付作用，给予这类家庭一定的补助或者直接代缴。

二、为提升农村家庭投保档次和保障水平创造条件

由于农村家庭的收入水平普遍低于城镇家庭，因此相比于城镇家庭，农村家庭只能选

择较低的投保档次，这势必导致城乡居民基本养老保险对农村家庭的保障力度低于城镇家庭。因此提升农村家庭的收入水平是解决这一问题的重要途径，具体包括以下几点。

第一，加快农村产业结构升级速度，大力发展第二、第三产业。过去，农村地区过于依赖农业和传统手工业，这些产业经济效率低下，技术迭代升级缓慢。在当前的大背景下，应该采取有效措施，转移产业重心，推动产业结构升级，缩小城乡收入差距。

第二，加大政府财政转移支付和优惠政策支持力度。政府财政转移支付要向农村落后地区倾斜，发挥再分配的作用，为农村落后地区基础设施的建设提供有力的财政支持。目前，我国已建立起一套较为完整的财政转移支付体系。从总体来看，这项制度在一定程度上缓解了农村落后地区经济贫困状况，缩小了城乡收入分配差异。同时要为农村落后地区提供一些优惠政策，鼓励当地企业和个人因地制宜，挖掘自身优势，充分利用政府提供的优惠政策，谋求自身快速发展。

第三，加强农村居民教育培训。当前，加快农村居民的知识化进程已越来越迫切。总体而言，收入与受教育程度成正相关关系。只有加快农民知识化进程，才能加快农村劳动力的转移速度，增加农村居民的收入。

三、调整和完善城乡居民基本养老保险待遇制度

一方面，提高城乡居民基本养老保险基础养老金的最低标准。为了保障老年家庭的基本生活需要，需要提高城乡居民基本养老保险基础养老金的最低标准。2020—2021 年，城乡居民人均可支配收入和消费支出分别实际增长 10.4%和 8.1%，居民消费支出水平比上年同期均有不同程度的上涨。此外，城镇退休人员基础养老金每年都在调整，2020 年按 5%调整，2021 年按 4.5%调整。因此，建议提高城乡居民基本养老保险基础养老金的最低标准。

另一方面，加大对参保家庭的补贴。我国城乡居民基本养老保险是由新农保和城乡居民养老保险合并而成的，新农保的参保人大部分是农民，城乡居民养老保险的参保人大部分是城镇无业人员。这些家庭收入水平低，缴费能力弱，因此要提高城乡居民基本养老保险的待遇水平需要国家财政的转移支付发挥作用，政府要合理调整财政支出结构，使政府的财政支出适当倾斜，加大对城乡居民基本养老保险的补贴力度，保障老年家庭基本生活。

四、加强城乡居民基本养老保险政策宣传

第一，基层部门要加强宣传，通过创新多种宣传方式，让城乡居民真正了解城乡居民基本养老保险的制度设计，提升城乡居民的政策认知水平。同时，基层政府部门要拨付专款用于解决宣传的资金问题，要从行动上下功夫而不能只停留在形式层面。要充分利用各种新媒体，例如，微信长图、短视频等，让广大人民群众意识到城乡居民基本养老保险政策就在我们身边，与老百姓的生活息息相关，也要让广大居民通过新媒体随时随地了解城

乡居民基本养老保险的相关政策，学习相关知识。

第二，各基层经办机构要充分利用农闲、节日等各种机会，组织培训班，聘请社保专业人员到村（居）委会讲课，为城乡居民开展社会保障知识辅导，让居民明确城乡居民待遇给付水平、缴费标准、计发办法等，切实消除后顾之忧。

第三，村社干部要充分发挥自己的主观能动性，利用自己贴近群众的优势，利用各种零碎空闲时间向群众做宣传。基层经办机构和人员也要增强宣传意识，切实做好政策在基层的宣传贯彻工作。同时要加大宣传力度，利用新媒体扩大覆盖面，增强吸引力，吸引广大居民主动参与到政策宣传中来，进一步提升群众满意度和参与度。

第四，要重视对居民的教育工作。家庭养老和社会养老之间并非对立关系，两者互为补充，社会可以为家庭分担养老压力。因此，参与城乡居民基本养老保险不但不会有违孝道，反而可以更好地践行孝道精神。此外，有些居民的养老观念淡薄或者有严重的短视、自满心理，认为参与城乡居民基本养老保险不如把钱用于满足当下的消费。对于这类行为，工作人员一定要加以劝诫，正确引导，向这类居民详细讲解城乡居民基本养老保险的制度优势，让其将更多的资金投入养老保险，使生活消费和储蓄合理化。

五、统筹全国社会养老保险体系，推动参保人口全覆盖

在社会保障制度“时间窗口”形成的背景下，我国亟须实现参保率增长的目标，同时尽快实现从参保制度全覆盖到参保人口全覆盖的转变。首先，我们可以完善社会养老保险配套措施与服务，推动城乡居民参与社会养老保险制度。同时要有效保护城乡流动人口的相关权益，破解城镇与农村分化的局面。其次，结合我国经济发展与社会现实情况，完善社会养老保险体系，扩大参保覆盖面和保障成效，优化城乡养老保障体系建设。将保障面拓宽拉长，引入高效科学的退休金动态调节机制，形成新的保障趋势。

六、优化城乡居民基本养老保险配套制度

将高等教育补贴制度、低保制度、医疗救助制度等支持体系与城乡居民基本养老保险体系有效连接，协调养老体系发展。我国养老保险制度的创新与设计应侧重于提高养老保险对老年人资源配置的公平性效力。经调查，家庭预防性储蓄的上涨是由于不确定因素增多，为刺激居民消费，减少出于防范目的的储蓄，城乡居保应发挥其社会保障功能，为城乡居民解决不确定因素导致的消费下降问题。通过保障生活困难家庭的受教育权利，对符合条件的大学生提供专项高等教育补贴；落实好低收入家庭的补助政策，保障其家庭正常生活与消费；发挥医疗保险体系社会功能，解决因病致贫的困难等支持体系，有机连接城乡居民养老保险制度。

七、强化商业保险机构合作，发挥商业保险补充作用

商业保险在刺激居民消费、降低居民预防性储蓄方面有一定潜力，与城乡居民基本养

老保险相结合，可以实现扩大消费、拉动经济增长的目的。例如，《关于推动个人养老金发展的意见》指出，凡是投保我国城镇职工养老保险与城乡居民基本养老保险的公民均可参与个人养老金计划。老龄化社会程度的加深与家庭养老能力的弱化是不可避免的趋势，这意味着社会养老保险发展的步伐要迈大一点。营造商业养老保险发展的良好环境，对商业保险提供政策支持，协力解决养老、医疗等社会热点话题，发挥商业保险的风险分散功能与社会保障功能。

第四章　城乡居民基本养老保险优化对策

城乡居民养老保险是我国最基础、最重要的社会保障形式。为了更好地改善民生，并且针对人口老龄化问题提供良好的解决措施，让更多的老年人能够老有所养、老有所依，需要大力提高城乡居民养老保险工作发展水平。在开展新时期城乡居民养老保险工作时，应充分考量我国的具体国情、社会养老保障需求、所在地区的实际养老保险情况，制定具有针对性的发展措施并积极落实。

第一节　深化城乡居民基本养老保险制度改革的总体规划

一、深化城乡居民基本养老保险制度改革的总体思路

深化城乡居民基本养老保险制度改革，优化制度运行机制，首先，必须明确制度的社会属性与功能定位，若是将城乡居民基本养老保险作为社会保险制度来建设，还须选择合适的财务模式，这直接关系到制度未来改革方向。其次，选择改革方向，制定短中长期改革目标，并探寻与之相适应的实现路径。最后，针对制度运行中出现的突出问题与不足，确定进一步深化改革的重点内容与环节。

（一）明确制度社会属性，确定改革总方向

城乡居民基本养老保险，名义上是社会保险制度，但实质上更像是狭义的社会福利制度。面向未来，如果将其定位为社会保险制度，那么，强制性社会保险缴费应该是基金收入的主要来源，而且待遇与缴费之间应该具有紧密的精算联系。如果将其定位为狭义的社会福利制度，那么，主要靠财政补贴筹资是合理的，但这涉及财政如何保障稳定、可持续的资金来源问题，毕竟在日益严峻的国内外发展环境和经济下行压力依然较大的客观形势下，财政收入及其支出结构也会受到很大影响，而且目前城乡居民基本养老保险参保人数已经达到5.50亿人，要保障如此大规模人口的晚年基本生活需要，所需财政资金绝非一个小数目，更何况还是在社会保险的名义下，名不正则言不顺。从目前我国经济发展阶段与水平、面临的发展形势以及政府和财政的功能定位来看，难以主要依靠财政收入来实现覆盖人口高达5.50亿人的城乡居民基本养老保险制度的保障功能与目标。鉴于此，比较适宜的选择是将城乡居民基本养老保险作为真正的社会保险制度来建设，并把缴费作为基金主要筹资渠道，同时建立起待遇与缴费之间紧密的精算联系，形成有效的激励约束机

制。这样，既有利于充分调动居民参保缴费积极性，又可真正体现社会保险本质特征与主要功能。

目前城乡居民基本养老保险实行的是统账结合型财务模式，社会统筹基金主要来源于中央和地方财政补贴，用于发放基础养老金，个人缴费、部分地方财政补贴等其他收入进入个人账户，用于发放个人账户养老金，而且个人账户余额允许继承。尽管目前财政补贴占基金收入的60%以上，但绝大多数居民仍然选择较低档次的缴费标准，这也是目前保险待遇水平较低甚至难以根本保障老人基本生活需要的主要原因。按理说，个人账户具有非常强的激励约束机制，但余额可以继承使其失去了互助共济的横向风险分散功能。此外，占基金收入一半以上的财政补贴，未能有效调动居民提高缴费档次的积极性，因为用于发放基础养老金的财政补贴只要居民参保即可获得，与缴费标准高低没有建立联系，记入个人账户的地方财政补贴也有明显不足，因而财政补贴总体上未能充分发挥有效的激励约束功能。鉴于此，合理可行的改革方向是实行完全积累制社会保险财务模式，一方面继续通过个人在整个生命周期内的收入—消费平滑来实现养老保险纵向分散风险的功能，同时保持个人账户激励约束功能比较强的优势；另一方面按照学理意义上的完全积累制本质要求，取消个人账户余额可继承性，充分发挥短寿补长寿的横向分散风险与互助共济功能。需要特别指出，正确理解学理意义上的完全积累制社会保险财务模式，对深化养老保险制度改革至关重要。目前我国流行的教科书几乎都未能全面阐述并厘清社会保险制度中现收现付制与完全积累制两种基本财务模式的核心要义与本质区别，对国际上出现的名义账户制等新财务模式也缺乏应有的介绍。我国现行社会保险制度中的个人账户并不是学理意义上的完全积累制，社会统筹部分也并非严格意义上的现收现付制，制度与政策设计存在明显缺陷，重要原因即在于此。

（二）选择短中长期改革目标，探寻与之相适应的实现路径

如果将学理意义上的完全积累制社会保险作为深化城乡居民基本养老保险制度改革的总方向，并进一步考虑我国现行面向三类不同群体的基本养老保险制度在老年抚养比、缴费与待遇等方面存在的巨大差距，以及目前基本养老保险制度尚未形成以家庭为单位的整体参保机制、国家正在积极推进个人养老金制度建设等现实状况，那么，改革的目标选择便要充分考虑不同制度之间统筹协调建设甚至整合问题，最基本的要求起码包括制度之间转移接续能够更加合理顺畅，在此基础上，能够切实以“保障老人基本生活需要”为基本原则，探寻与之相适应的合理可行的改革实现路径，其中包括到底是走根本性改革之路，还是选择修补完善等改良路径。

1. 长远目标：统筹建设城乡居民基本养老保险制度与城镇职工基本养老保险制度

城乡居民基本养老保险制度内的老年抚养比一直高于城镇职工基本养老保险制度内的老年抚养比，而且城乡居民基本养老金水平远低于城镇职工基本养老金，加之我国目前尚

未形成以家庭为单位的参保机制，因此，若要真正实现基本养老保险制度公平、可持续和高质量发展，就必须将统筹建设城乡居民与城镇职工基本养老保险制度作为进一步深化改革的长远目标。但如何实现这一长远目标，则有不同的路径选择，其中既包括深度与广度不同的改革路径选择，也包括到底向哪个制度看齐的不同路径选择。从待遇水平高低来看，城乡居民向城镇职工看齐更容易被接受，而且可以采取城镇职工携带其配偶一起参加职工基本养老保险的方式，但这将面临城乡居民的社会统筹部分如何筹资的难题。城镇职工基本养老保险制度的社会统筹部分由用人单位按16%的费率缴费，城乡居民这一部分缴费该由谁承担？目前城乡居民参保人数规模大，指望通过财政补贴来筹集这一部分统筹基金，有相当大的难度，可行性极低。如果降低城乡居民缴费费率，比如参照灵活就业人员参加职工基本养老保险的缴费办法，对于相当多的城乡居民来说，负担仍然非常重，可行性也比较低。比较可行的办法是真正按照“保基本”的功能定位，适当降低城镇职工基本养老保险缴费费率，同时对单职工家庭，可以借鉴国际经验，采取职工携带配偶一起参保方式，具体的参保办法可以进行专门设计。这样可以逐步解决职工与居民基本养老保险制度分立、老年抚养比悬殊、待遇相差较大等问题。从保险制度财务模式来看，涉及城镇职工基本养老保险制度是否需要进行根本性变革，以便与城乡居民实现基本养老制度统一的问题。毕竟，社会统筹部分占比较大的城镇职工基本养老保险制度，不仅直接面临持续深化的人口老龄化的严重挑战，而且未能很好地适应新业态不断涌现、就业形式日益灵活多元的新形势。即便转移接续问题可以得到逐步解决，但其程序和手续繁杂、时间成本较高，对社会仍是一种福利净损失。相较而言，学理意义上的完全积累制社会保险制度则没有这些困扰，而且有利于以家庭为单位进行整体参保。按此思路，只需要用人单位把本该属于职工的所有收入都发放给职工，而不用替职工缴费，职工取得全部劳动收入之后，携带配偶一起参保，政府原本给予企业的税前抵扣等优惠政策可以按职工家庭参保缴费水平继续推行。如果不走上述两个根本性改革之路，而只是追求制度之间转移接续的顺畅性、合理性，则可以选择一条不断修补完善的改良道路。一方面持续不断地优化相关转移接续程序与手续，另一方面切实解决目前由城镇职工基本养老保险制度向城乡居民基本养老保险制度转移时社会统筹部分福利严重受损的现实问题，比如，可以参考职工基本养老保险基金在不同统筹地区之间转移接续的办法，将职工养老保险制度中社会统筹部分的基金转入城乡居民个人账户，以保障其福利少受损失。

2. 中短期目标：整合城乡居民基本养老保险制度与正在推行的个人养老金制度

鉴于城乡居民基本养老保险制度的改革方向是实行真正学理意义上的完全积累制社会保险，而现行制度的缴费水平和待遇水平都还比较低，难以发挥保障居民基本生活需要的基本功能，因而立足于“保基本”建设真正管用的城乡居民养老保险制度，则完全可以考虑将现行城乡居民基本养老保险制度与国家正在积极推行的个人养老金制度进行整合，将后者的个人账户转型为学理意义上的完全积累制社会保险制度，进而使得整合后的城乡居民养老保险制度既保持原本个人账户制激励性强的优势，又可以发挥短寿补长寿的互助共济功能。在此基础上，通过充分发挥财政补贴、税收优惠、投资管理等支持政策的综合效能，激励城乡居民有效提高缴费水平，使养老金待遇水平可以真正达到保障城乡老年居民基本生活需要的要求，同时还可以进一步发挥养老保险在稳预期、促消费、稳增长等其他方面的积极功用。按照上述中短期改革目标与实现路径推进改革，需要相关部门转变思路。起码在保基本的制度功能尚未真正实现之前，不宜贪多求大，因而在短期内完全没有必要过分拘泥于养老保障体系支柱的多少以及不同支柱建设的先后顺序，而是应该真正践行以人民为中心的发展思想，脚踏实地，一步一个脚印，将每一项制度都建成真正能够实现其基本功能的管用制度，而不是徒有其表，难有其实。从功能视角看待城乡居民养老保险制度，比起从形式视角看待问题，更有助于推进制度建设改革与完善优化。

（三）直面运行中的突出问题，确定改革的重点内容与环节

改革既要有明确的目标导向，又要有强烈的问题意识，需要将两个方面结合起来。针对现行城乡居民基本养老保险制度运行中出现的突出问题与明显不足，进一步深化制度改革的重点内容与环节，主要在于优化制度运行机制，尤其是筹资与待遇确定及调整方面的运行机制。良好的运行机制，有助于制度更加公平、可持续和高质量发展，充分发挥多方面的积极作用。

1. 优化筹资机制，必须将制度需要与居民可负担性结合起来

建设社会养老保险制度，关键在于处理好基金筹集、偿付、投资、监管等几个主要管理环节的问题。筹资机制不仅影响偿付水平，关系居民负担水平，而且决定投资规模。现行城乡居民基本养老保险制度因筹资水平较低而导致待遇水平较低，甚至难以保障部分老人基本生活需要。而筹资水平较低，既有居民对养老保险制度及其功能缺乏充分认知、视野狭窄等主观原因，也有居民收入水平较低、收入不稳定、负担能力有限等客观原因。因此，进一步优化保险制度筹资机制，必须将“保基本”的制度功能定位和居民能够负担得起的保险费用结合起来。尽管财政补贴、集体补助、投资收益都是可能的筹资渠道，但社会养老保险制度建设还是应以参保对象缴纳保险费为其主要收入来源，毕竟不强调权利义务对等、待遇与缴费挂钩，忽视精算联系的养老保险制度并不是真正意义上的养老保险制度。

如果将城乡居民基本养老保险制度定位于“保基本”，且保险费用又是居民负担得起的，那么强制性参保缴费便可以推行起来。缺乏强制性的保险制度并不是完整意义上的社会保险制度，强制性既是社会保险与商业保险的重要区别，也是其独特的制度优势，借助这一优势，社会保险可以更好地发挥纵向与横向风险分散功能。养老保险制度尤其要重视个人整个生命周期内的纵向风险分散功能。当然，横向风险分散亦是不可或缺的，我国现行社会养老保险制度中的个人账户缺乏这一功能，因而饱受各界批评。现行制度中的个人

账户偏离学理意义上的完全积累制社会保险制度本质要求，是政策设计上的重要缺陷，需要在制度深化改革中加以纠正。

2. 优化偿付机制，关键在于建立待遇与缴费之间的精算联系

完善待遇确定与调整机制，优化养老保险基金偿付机制，关键在于形成有效的激励约束机制。养老保险尤其要重视待遇与缴费之间的精算联系，否则便不是真正意义上的保险制度，也难以形成有效的激励约束机制，制度的长期可持续发展与运行难以得到根本保证。尽管现行城乡居民基本养老保险制度中的个人账户养老金具有很强的待遇与缴费挂钩机制，但主要来自财政补贴收入的基础养老金却缺乏紧密的精算联系，这是其重要缺陷。正因为占保险基金总收入绝大多数份额的财政补贴所采取的方式未能建立起有效的激励约束机制，因而居民缴费水平总体上比较低，整个筹资水平也极低，由此决定的待遇水平难以从根本上保障相当多城乡老年居民的基本生活需要。重构城乡居民基本养老保险基金偿付机制，重在建立待遇与缴费之间的精算联系，形成有效的激励约束机制。这样，一方面能够更加充分地发挥财政补贴的政策效能，调动居民参保并提高缴费水平的积极性；另一方面能够让全体居民树立起强烈的社会保险意识，认识到养老金待遇水平提高不是凭空产生的，而是要靠自己的缴费水平来做有力支撑与根本保障的。在此情况下参加养老保险，不仅可以起到建立养老储蓄保障的作用，而且可以获得其他收益，其中既包括享受税收优惠、享受政府财政补贴、得到更加有效的投资管理，也包括通过多渠道积极应对长寿风险。

二、深化城乡居民基本养老保险制度改革的政策建议

在新发展阶段，进一步深化城乡居民基本养老保险制度改革，优化运行机制，需要综合运用相关专业知识与理论，积极借鉴国内外先进经验与有益做法，选择合适的制度模式，并配之以综合有效施策，着力增强制度内在吸引力，调动包括城乡居民在内的多方社会力量积极参与基本养老保险制度建设，进而通过充分的保险缴费支撑足够的待遇水平，建设名副其实、真正管用的城乡居民基本养老保险制度。

（一）立足完全积累制模式，多维综合施策，着力增强制度内在吸引力

将城乡居民基本养老保险作为一项社会保险制度来建设，首先要选择合适的制度财务模式，让保险制度本身具有独特价值，吸引居民积极参加。如前所述，现行社会统筹与个人账户相结合的财务模式不仅未能充分发挥有效的激励约束功能，而且个人账户余额可继承使其失去了互助共济的横向风险分散功能，保险功能明显弱化。比起现行的统账结合型制度模式，学理意义上的完全积累制社会保险模式具有更加明显的优势。一方面，其极强的激励约束功能是全账户规模的，而不像统账结合型制度模式那样仅仅是其中的个人账户部分的；另一方面，账户余额是不允许继承的，这样可以发挥短寿补长寿的横向风险分散与互助共济功能，这是统账结合型制度模式下的个人账户所不具备的。由现行的社会统筹

与个人账户相结合的制度模式向学理意义上的完全积累制模式转型是一种帕累托改进，有助于促进制度更加公平、可持续发展。新的制度模式可以从新参保人开始实施，采取老人老办法、新人新办法，以便做好转型过渡。合适的制度模式，再配之以多维有效的综合施策，可以进一步增强制度的内在吸引力，一方面充分调动居民参保和提高缴费水平的积极性，另一方面激励相关人员参与制度建设，拓宽基金来源渠道，提高制度筹资水平，以便更好地保障老人的基本生活需要。具体而言，一是继续保留现行城乡居民基本养老保险制度的所有支持政策，如财政补贴、税收优惠、投资管理等，甚至可以进一步加大支持力度，如根据经济发展水平与财政实力状况，适当提高财政补贴水平，优化补贴方式。二是加强基金投资管理，提高投资管理绩效，并在此基础上提高记账利率水平，使其高于通货膨胀水平，真正实现基金保值增值。这对于普通居民来说具有比较强的吸引力，因为他们的投资理财渠道十分狭窄，投资管理能力较为有限，参加基本养老保险不仅可以获得一种保障，同时还开辟了一条投资理财渠道。三是将适用于个人养老金、赡养老人费用的个人所得税专项附加扣除等税收优惠政策扩展延伸至基本养老保险，以吸引老人的亲朋好友、个人志愿者、集体经济组织、社会组织等积极参与城乡居民基本养老保险基金筹资，有效提高保险筹资水平，进而支撑保险待遇水平的稳步提高。

（二）立足保基本，地方自主精算确定最低缴费水平，并优化筹资机制

既然是基本养老保险制度，就要立足于保障老人基本生活需要来确定筹资水平，太低保不了基本，太高又会偏离制度的功能定位。因此，需要把握制度功能定位及其资金需求，同时结合居民负担能力，运用保险精算方法，确定保险基金筹资水平，尤其是居民缴费水平，并根据相关因素的变化，建立相应的调整机制。需要指出的是，即便没有基本养老保险制度，城乡居民及其家庭其实也会为老年生活储备资金，而基本养老保险只不过是国家主动有为、积极履行职能，把这一基本生活保障问题制度化的结果。学理意义上的完全积累制社会保险模式具有极强的制度适应性，它可以使各地根据本地经济发展状况、财政实力以及城乡居民生活水平、物价水平等相关因素自主确定“保基本”所需要的待遇水平，进而精算确定城、乡居民最低缴费标准和筹资水平，而不必不顾各地实际情况而盲目追求全国各地区、城乡统一的待遇水平、筹资水平和居民缴费水平。完全积累制社会保险模式便携性更强，有助于解决现行制度中存在社会统筹部分以及统筹层次较低等问题，有助于减轻居民参保缴费等方面的顾虑。制度简单、账户透明、便携性强，可以增强居民对保险制度的信任，对提升居民参保积极性、推行强制缴费以及提高筹资水平都是大有裨益的。现行城乡居民基本养老保险制度的资金来源主要包括居民缴费、中央和地方财政补贴、集体经济补助、社会力量资助等。中央和地方政府制定分档定额缴费标准与相应的补贴标准，居民自主选择缴费标准进行缴费。目前全国人均缴费水平处于国家 12 档缴费标准中的中低档次，即便加上财政补贴等其他来源的收入，人均筹资水平、缴费水平仍然非常低，由此决定的人均待遇水平甚至远低于农村最低生活保障标准。鉴于此，可以让各地

根据本地城乡居民基本生活需要，参考城市和农村最低生活保障标准，分别确定城、乡居民保险缴费最低标准，并结合物价变化状况，建立动态调整机制。让居民家庭自主缴费，同时给予财政补贴，并通过税收优惠、高于通货膨胀率的计息利率等政策支持，鼓励其他渠道的补助、资助。如果居民负担得起最低标准的缴费，就应该要求居民全面参保，除按最低标准缴费外，还可以自主选择按其他档次标准缴费。当然，各种来源渠道的基金收入，全部记入个人账户，实行真正的大账户管理。

（三）改革财政补贴方式，改补缴费为补账户利息，提升补贴政策效能

目前财政对城乡居民基本养老保险的补贴总额在不断增长，但财政补贴收入占基金总收入的比重则在逐渐走低，而且相较于对城镇职工基本养老保险的财政补贴金额，对参保人数更多的城乡居民基本养老保险的财政补贴要少很多。因此，在经济发展水平不断提高、财政实力不断增强的情况下，对城乡居民基本养老保险的财政补贴金额还可以进一步增加，但需要不断改革与创新具体的补贴方式，以进一步增强财政补贴的激励功能。按照现行政策，财政补贴主要包括中央财政补贴和地方财政补贴两部分。中央财政按中央确定的基础养老金标准，对不同地区给予不同比例的补助。对中西部地区给予全额补助，对东部地区给予50%的补助。可见，中央财政补助只区分地区，居民只要参加城乡居民基本养老保险，便可以获得财政补贴，这对于选择不同档次标准缴费的居民缺乏调节作用，未能发挥有效的激励功能。财政补贴对居民缴费的激励功能主要体现在地方财政补贴上。目前地方政府对参保人缴费的财政补贴，随着缴费标准的档次提高而不断增加，但增加的幅度具有一定的累退性，即地方财政补贴的边际激励效应呈现递减特征。此外，对重度残疾人等缴费困难群体，地方政府为其代缴部分或全部最低标准的养老保险费。正是基于此，有人提出财政补贴水平应该随着居民缴费档次的提高而累进性地增加，以便增强激励功能。然而，这种政策建议不仅会引发财政负担进一步增加而导致的可行性问题，而且在某种程度上有违政府应该兜底扶弱的底线公平原则。实质上，财政补助和补贴的激励效应，不仅取决于补助和补贴金额的多少，而且受补助和补贴方式的影响。一种值得探讨的财政补贴方式是将财政对居民缴费的补贴改为对个人账户累积资产利息的补贴。这一方面有助于改变居民过分依赖财政补贴的不良倾向，让他们早日形成养老保险要靠自己缴费的强烈责任意识，认识到缴费越多，缴费时间越长，将来领取的养老金待遇越高，真正体现权利义务对等、待遇与缴费挂钩的保险特征；另一方面有助于调动亲友、志愿者等社会力量给予补助、资助，进而提高缴费水平和为长寿风险准备更加丰厚养老资金的积极性。在养老保险制度模式选择适当、制度未来可期并值得信赖的前提下，这种新的财政补贴方式不仅可以激励参保者提高缴费档次，而且可以调动其子女亲友等帮助其缴费和提高缴费水平的积极性，毕竟老人的晚年生活得到切实保障是子女等亲友的美好生活愿望。财政补贴个人账户资产利息可以进一步提高养老保险基金的保值增值能力，这是投资理财渠道狭窄、自身投资管理能力十分有限的普通居民乐于接受的。再者，帮老人适度缴费、达到保基本的目

标，还可以享受个人所得税等方面的政策优惠，这无论对子女还是社会上的个人志愿者都有一定的激励效应。

（四）针对不同改革目标与路径，借鉴国内外经验，不断优化偿付机制

关于基本养老保险待遇确定与调整机制，国内外已经有不少先进经验与有益做法可供参考借鉴。为此，需要区分不同改革方向、目标与路径探讨养老保险基金偿付机制的改革优化问题。

1. 个人账户型养老保险制度模式下待遇确定与调整机制的改革优化

如果将现行社会统筹与个人账户相结合的城乡居民基本养老保险制度模式转型为学理意义上的完全积累制社会保险模式，那么原先的个人账户余额的可继承性便不复存在。如果不能进行上述制度模式的根本性转变，那么也可以取消现行制度中个人账户余额的可继承性，如此便能通过短寿补长寿途径，恢复社会保险原本应该具有的互助共济与横向风险分散功能。在完全的个人账户或存在部分个人账户的养老保险模式下，常用的偿付办法是个人账户累积资产总额除以领取养老金时年龄所对应的应计发月数。养老金应计发月数通常是根据人均预期寿命和法定退休年龄之间的余命确定的。我国人均预期寿命在不断延长，但法定退休年龄并未作出延迟调整，按理说就应该调整养老金应计发月数。但实际情况是，我国已经多年未调整养老金应计发月数。无论从学理意义上还是从现实需求角度看，延迟法定退休年龄并根据人均预期寿命变化和平均余命水平调整应计发月数势在必行。

目前我国城乡居民基本养老保险制度是按照普通男职工的法定退休年龄 60 岁来确定领取基本养老金的年龄和应计发月数，这无疑需要根据上述状况的变化而作相应的调整与改革。为了鼓励参保人多缴长缴保险费、推迟领取养老金待遇，进而减轻养老保险基金的偿付压力，还可以借鉴国内外经验，调低延迟领取养老金人员所适用的应计发月数，调高提前领取养老金人员所适用的应计发月数。

2. 统账结合型养老保险制度模式下待遇确定与调整机制的改革优化

退一步而言，若对现行统账结合型养老保险制度财务模式不作根本性改革，仍然希望保留一部分基础养老金，养老保险待遇确定与调整机制仍有进一步改革优化的空间，以便充分体现多缴多得、长缴多得的激励约束功能。具体而言，一是可以将全部记入个人账户的基金收入，从名义上划出一部分（比如 20%）用来发放基础养老金，但其待遇偿付机制则需要做进一步调整优化，比如借鉴现行城镇职工基本养老保险制度中社会统筹部分养老金的发放办法，一方面与缴费时选择的档次标准挂钩，体现多缴多得，另一方面与缴费时长挂钩，体现长缴多得，具体计发办法可以作进一步设计；二是将个人账户里余下的基金用于发放个人养老金，其待遇偿付机制总体上仍然坚持全面深化改革的调整与优化思路，只不过现在可用于发放个人养老金的总金额变少了。实质上，这里的待遇偿付机制设计，借鉴了名义账户制的核心思想。相较于现行偿付机制，它可以在全账户规模上建立待遇与缴费之间的紧密精算联系，因而有助于将养老保险制度较强的激励约束功能与互助共

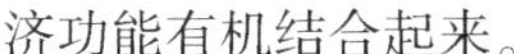

济功能有机结合起来。

（五）提高基本养老保险的公平性

近年来，我国养老保险事业发展迅速，在扩大制度的覆盖面和提高保障水平上取得了卓越的成就，但是养老保险制度公平性问题依然突出。实证研究表明，养老金收入差距的扩大对老年人健康有显著的负面影响，特别是在农村地区。在共同富裕这一国家战略目标下，应强化养老保险制度的再分配功能，提高制度的公平性。

第一，缩小制度间基本养老保险差距。我国养老保险制度在机关事业单位职工、企业职工和城乡居民间差距较大。这种差距有筹资方式差异的原因，职工基本养老保险相比城乡居民基本养老保险有更高的筹资水平，多缴多得，因而享有更高的养老保险待遇。但是，这种差距也源自公共财政对不同养老保险的补贴水平。财政对城镇职工养老保险的补贴远高于对城乡居民养老保险的补贴。这有违公共财政的性质和功能。从短期来看，这种差距很难消除，但可以通过渐进改革减小差距。应加大对城乡居民基本养老保险的财政补贴力度，提高其待遇调整增速。职工基本养老保险待遇应精准调整，注重向弱者倾斜，限制基本养老金水平过高。长期来看，应消除身份差异，基于公民身份建立统一的基本养老保险制度。在统一的基本养老保险制度的基础上，再发展企业年金、职业年金和商业保险等补充保障。

第二，缩小地区间基本养老保险差距。长期以来，我国基本养老保险制度实行“地方统筹、属地管理”。由于不同地区的经济发展水平、人口年龄结构差异，不同统筹地区基本养老保险的缴费水平和待遇水平相差很大。实现全国统筹是基本养老保险改革的重要目标，因此，须进一步明晰各级政府的主体责任，合理分担养老保险事权和支出责任，同时要加强中央对财政困难地区的养老保险的转移支付。完善激励约束机制，将各地养老保险参保扩面、基金征缴、待遇核发等纳入地方政府工作考核指标。另外，城乡居民基本养老保险统筹层次低，不同地区的城乡居民的基础养老金差异悬殊，亟须提高其统筹层次。

第二节　城乡居民基本养老保险制度中长期发展展望

目前，受经济发展自身规律、外部经济贸易环境等多方面因素影响，经济发展进入新常态，从高速增长向高质量、高效益并重增长的方向发展，增速逐渐减缓，并保持在比较平稳合理的区间内。

一、城乡居民养老保险制度面临的形势与发展目标

（一）新时代城乡居民养老保险制度发展面临的形势与要求

1. 人民群众对美好生活的向往，要求不断提高待遇和改进服务

随着社会经济的发展，城乡居民的社会保障意识日渐提高，社会保障需求也水涨船

高。近年来，虽然城乡居民养老保险待遇两次调整，养老金水平普遍提高，但人们对养老保障的需求也越来越高。随着企业退休人员养老金待遇连续16次调整，城乡居民对持续提高基础养老金待遇的需求也十分迫切。在人民群众保障需求不断增长的同时，政府的保障能力却面临瓶颈。一方面，由于经济增长放缓，必然带来财政收入增长的同步放缓，财政保障与补助能力下降，部分县（市、区）补助压力较大，加之人口加速老龄化、社会保险支出快速增长等因素，在很大程度上将影响社会保险制度，特别是城乡居民养老保险制度的稳定可持续运行。另一方面，在政府社会保障供给方面，还面临着经办管理和公共服务提供方面的挑战，在城乡居民养老保险经办服务方面表现得更为突出。随着政府执政理念的转变和服务型政府的建设，客观上要求加快公共服务体系建设，为公众提供品质优良、便捷高效的公共服务。同时，随着日益增大的人员流动性，不仅参保的服务总量增加，而且城乡养老保险关系转移接续的工作量剧增等，加上城乡居民养老保险保障对象居住分散，居住地通信、金融、交通等基础设施受限，都将对政府为城乡居民提供均等化的公共服务带来挑战。

2. 人口城镇化、少子化、老龄化，客观上加大了城乡居民养老保险制度的养老压力与要求

党的十八大以来，新一届政府确立了新型城镇化战略，随后国家出台了进一步推进户籍制度改革的决定，明确大幅放宽城市的落户政策，农村人口城镇化将步入快车道。据有关专家预测，2035年我国城镇化率将超过70%，2050年将达到80%，城镇化仍有一定的空间。城镇人口的增加和农业人口的减少，特别是外来人口市民化，一方面需要大幅度提高农民工等潜在城镇化人口参加城镇社会保障的比例，从而面临扩面征缴的压力；另一方面，随着城镇化进程加快，农村人口的减少，以农村居民为参保主体的城乡居民养老保险的参保和缴费人数下降，制度的相对经办成本提高。此外，从农民城镇化后的养老保障需求看，又有必要通过制度转移衔接，将更多的农民从低待遇的城乡居民养老保险制度转移到更高待遇的职工养老保险制度，这会给政府财政供给带来压力。

（二）城乡居民养老保险制度发展的指导原则

一要坚持民生为本，科学发展。以保障和改善民生作为工作的出发点和落脚点，努力提升保障水平，使广大参保居民更好地分享经济社会发展成果。充分认识养老保险事业发展规律，主动适应改革发展的新要求，创新思维观念，完善体制机制，改进管理方式，在重要领域实现改革的新突破。

二要坚持公平和效率相结合。充分发挥国民收入再分配的功能，各级财政按照制度规定的基本责任增加投入，中央财政守住底线，地方财政量力而行地加大投入。同时，努力调动参保人员缴费积极性，将个人的缴费责任与财政的补贴责任有机结合，共同提高保障水平。

三要坚持权利与义务相对应。符合条件的参保城乡居民，有领取养老待遇的权利，同

时，也应依法履行参保缴费的义务。实行激励与约束相结合，坚持多缴多得、长缴多得。努力实现激励约束有效、筹资权责清晰、保障水平适度的目标。

四要坚持保障水平与经济发展水平相适应。建立城乡居民养老保险基础养老金正常调整机制。国家将根据经济发展和物价变动等情况，适时调整全国基础养老金最低标准；地方政府应根据实际情况适当提高地方基础养老金标准，保障参保居民共享社会经济发展成果。

五要坚持统筹城乡，推进制度整合衔接。以农民、农民工、被征地农民、城市无业人员和城乡残疾人等群体为重点，以促进城乡统筹、更好适应流动性要求为目标，加快城乡职工与居民的养老保险制度整合，促进制度衔接。适应劳动者就业流动性增强的需要，以统筹城乡为重点，进一步完善养老保险关系转移接续政策，实行更为公平的城乡养老保险关系转移接续办法，既促进农民城镇化，又最大限度地保护返乡农民工的利益，促进城乡公平。

（三）城乡居民养老保险制度的发展目标

根据现代化强国目标对城乡居民养老保险制度发展的要求，城乡居民养老保险制度在发展上要本着与整体和区域经济发展相适应的思路，在坚持全国整体推进的同时，允许和鼓励发达地区先行，在保障水平上向发达国家看齐，为城乡居民提供更好的保障。

1. 中期目标（2035 年）

按照基本实现社会主义现代化的要求，到 2035 年，城乡居民养老保险制度的发展目标是制度基本定型，机制进一步完善，与职工养老保险制度协调性增强；筹资责任到位，个人缴费水平达到农民人均纯收入的 8%左右；基础养老金待遇显著提高，不低于城乡低保水平；管理服务体系完善，建立公平、统一、规范的城乡居民养老保险制度。

具体来说，从 2020 年至 2035 年，坚持以人民为中心的发展思想，适应人口老龄化趋势，按照兜底线、织密网、建机制的要求，健全激励约束有效、筹资权责清晰、保障水平适度的城乡居民基本养老保险待遇确定和基础养老金正常调整机制，制度基本定型，目标清晰，参数科学，基本实现应保尽保；推动城乡居民基本养老保险筹资和待遇水平随经济发展而逐步提高，到 2035 年前后，年人均养老金达到农民人均纯收入的 30%～40%（以 8%的比例连续稳定缴费的“标准人”计算，待遇水平为 40%左右，整体水平为 30%～35%），其中基础养老金（含年限养老金）达到 25%～30%；引导城乡居民缴费达到农民人均纯收入的 8%左右，通过不低于 25 年的缴费使个人账户养老金达到农民人均纯收入的 10%左右，确保参保居民共享经济社会发展成果，促进城乡居民基本养老保险制度健康发展，不断增强参保居民的获得感、幸福感、安全感。

2. 长期目标（2050 年）

到 2050 年，随着城镇化的推进，城镇人口达到 80%，城乡居民养老保险制度覆盖人群大幅减少，财政投入能力明显增强。为此，城乡居民养老保险制度的长期目标是制度定型成熟，机制更加完善，与职工养老保险制度协调发展，实现保障基本生活的目标，基本养老金达到城乡居民人均收入的50%~60%（以8%的比例连续稳定缴费的“标准人”达到60%左右，整体水平50%左右），其中基础养老金和年限养老金待遇达到城乡居民人均收入的35%~40%（即对按8%比例缴费的城乡居民，每多缴费一年基础养老金增加一个百分点，缴费35年的基础养老金达到城乡居民人均收入的35%），引导城乡居民按农民人均可支配收入8%的比例缴费，通过35年左右缴费，使个人账户养老金达到20%左右，职工和居民基本养老保险制度融合（一制两档）条件基本具备，基础养老金待遇大概率实现统一。

二、完善城乡居民养老保险制度的思路与建议

从中期看，完善城乡居民养老保险制度，首先要明确制度的属性与模式，在此基础上，建立和完善待遇确定与调整机制，并实行多缴多得、长缴多得、投资运营与收益分配以及责任分担等多方面的机制，促进覆盖面的扩大，实现制度与实际两个层面的全覆盖。

（一）对制度属性与模式的再认识

城乡居民基本养老保险制度是针对城乡居民（尤其是农村居民）这一特殊群体的养老保障安排。与职工显著不同的是，农民属于自雇群体，没有法律意义上的雇主。20世纪90年代旧农保的试点实践证明，针对农民的养老保险，如果仅仅依靠其自身单方缴费，基本难以成功。因此，政府必须介入，由公共财政承担其雇主责任，同时个人承担相应的缴费义务和自我保障责任。由此可见，在保障属性上，城乡居民养老保险制度属于政府补贴与个人缴费相结合的基本养老保险制度。

在制度基本定位上，城乡居民养老保险与城镇职工养老保险同属于我国社会保险法明确的基本养老保险制度之一。虽然财政承担了城乡居民的基础养老金筹资责任，但个人缴费必须满足最低缴费年限作为领取养老金的必要条件，坐实了制度的社会保险属性，财政只是在客观上作为雇主承担了相应的筹资责任。正是由于这种相对特殊的保障属性与定位，城乡居民养老保险在制度结构上实行统账结合或基础养老金与个人账户相结合是相对合理的选择。其中，统筹部分或基础养老金体现农民或城乡居民群体的特殊性，由政府公共财政承担一定的雇主责任，个人账户部分则体现个人的自我保障责任，至少在现阶段两者不可偏废。如果忽视个人缴费，单纯强调由公共财政提供基础养老金保障，有可能对财政和经济造成压力和伤害；而过于强调个人缴费，又有可能走回20世纪90年代的老路，最终导致制度被城乡居民抛弃。因此，从制度保障、责任共担等多方面看，统账结合模式都是相对合理的选择，现阶段也应当继续坚持。

（二）建立与完善待遇确定和调整机制

第一，全面建立城乡居民养老保险待遇确定机制，尽快出台实施细则，合理确定待遇水平。为全面落实《关于建立城乡居民基本养老保险待遇确定和基础养老金正常调整机制

的指导意见》（人社部发〔2018〕21号），建立和完善城乡居民养老保险待遇确定机制，各地应尽快拟定出台城乡居民养老保险待遇确定机制实施细则。建议按农村人均可支配收入的40%左右作为城乡居民养老保险中期的目标待遇，其中基础养老金不低于15%，年限养老金（参照职工相关政策，缴费比例达到8%的，每多缴一年享受1%）10%左右，个人账户养老金不低于10%。将50%~60%作为远期目标待遇，以保证城乡居民养老保险待遇领取人员的基本生活。基础养老金（含年限养老金）待遇在比例上应达到总待遇的1/2到3/5，在水平上以高于农村低保标准（或城乡低保标准）为宜。

第二，建立基础养老金正常调整机制。在建立城乡居民养老保险待遇确定机制的同时，建立基础养老金正常调整机制。基础养老金调整幅度可参考经济发展水平、物价指数、人均可支配收入增长、财政收入增幅等因素确定。在2035年前，基础养老金最低标准与地方加发的基础养老金年调整幅度应不低于农民人均年纯收入增长率，适当向70岁、80岁以上的高龄老人倾斜。实行国家普调与地方差异化调整相结合，鼓励地方自行调适。

第三，调整待遇结构，增加相关待遇。为进一步完善城乡居民养老保险待遇结构，一要建立丧葬补助制度，合理确定补助标准，对正常进行死亡申报的，一次性发给丧葬补助金。二要建立高龄津贴制度。当前，要理顺管理体制，将各级民政部门管理的高龄津贴职能划归各级人力资源和社会保障部门，今后，地方民政或老龄部门将不再开展高龄津贴业务，而由人社部门统一管理和经办。要尽快出台全国统一的高龄津贴政策，明确补贴标准。要将现行高龄津贴并入城乡居民养老保险制度，两项待遇合并叠加发放。

第四，与国家脱贫攻坚计划和城乡低保制度衔接配合。为巩固脱贫攻坚成果，防止老年贫困发生，有必要结合国家脱贫攻坚计划，使城乡居民养老保险基础养老金进一步稳定增长，保证老年人的基本生活。同时，要加强与城乡低保制度的衔接配合。现阶段，城乡居民养老保险基础养老金待遇水平尚处低位，为保证低保家庭老年人的基本生活，可不冲抵城乡低保待遇；当基础养老金接近目标待遇时，为保障财政资金的使用效率，考虑到与低保边缘群体的公平与待遇衔接，基础养老金待遇可部分冲减低保待遇。

（三）切实扩大并稳定城乡居民养老保险覆盖面

城乡居民养老保险制度实行自愿参保、选档缴费。只有长期并保持一定水平的缴费，才能在达到规定年龄时领取相应的待遇，养老风险的未来性、缴费的长期性和消费效用的当期偏好，必然导致中青年不愿参保、大部分城乡居民选择低档缴费。针对这一状况，应充分利用全民参保登记的成果，及时更新全民参保登记数据库，通过信息比对准确掌握城乡居民参保状况，引导未参保者及相对年轻的城乡居民养老保险参保人，在本人能力所及的情况下，尽可能参加城乡居民养老保险。要加大宣传力度，做好城乡居民参加基本养老保险政策的宣传普及工作，吸引城乡居民积极参保；要通过基层政府和镇村干部驻村包点的扎实工作，引导已参保广大居民连续参加城乡居民基本养老保险，多缴费、长缴费。深入开展调查研究。通过理论研讨、广泛调研、地方试点，探索城乡居民养老保险从自愿参保到强制参保的可能性，通过增强参保约束性，将更多应保人员纳入制度覆盖。

三、城乡居民养老保险制度长远发展展望

（一）现代化强国目标对城乡居民养老保险制度的长远发展要求

新时代中国特色社会主义的总任务是实现社会主义现代化和中华民族伟大复兴，在全面建成小康社会的基础上，分两步走，在21世纪中叶建成富强民主文明和谐美丽的社会主义现代化强国。关于社会保障，增进民生福祉是发展的根本目的，在发展中补齐民生短板、促进社会公平公正，在老有所养上不断取得新进展，不断促进人的全面发展、实现全体人民共同富裕；关于社会保障体系建设，要按照兜底线、织密网、建机制的要求，全面建成覆盖全民、城乡统筹、权责清晰、保障适度、可持续的多层次社会保障体系。据此，到21世纪中叶，社会主义现代化强国建设目标实现之时，我国将成为世界上首屈一指的现代化伟大国家，社保体系健全完善，老有所养、共同富裕、城乡公平目标全面实现①。

1. 从内在上要求城乡居民养老保险在待遇水平上能够保障基本生活

从现代化强国明确的老有所养、共同富裕等目标内涵看，城乡居民养老保险制度在待遇水平上至少能满足老年城乡居民的基本生活。原因在于，一方面，要实现现代化强国目标，包括老年人在内的人的发展必须达到新的高度，而基本生活是人生存发展的基础，提供衣食无忧的基本生活保障应是其内在要求和基本要义；另一方面，现代化强国目标实现后，社会物质财富生产能力极大增强，财政能力大为提高，为城乡居民的老年生活保障提供了条件。

2. 在制度间要求实现制度融合，缩小群体间保障差距

现代化强国必然是社会公平正义、城乡统筹发展、人民和谐平等的国度。这就要求在基本养老保险制度上，实现制度融合，缩小当前职工与城乡居民养老保险制度间巨大的待遇差距，促进社会公平和群体公平。事实上，随着工业化、城镇化和农业现代化的快速推进，到21世纪中叶，农业人口占总人口的比重有可能下降到10%甚至5%以下，加上农村集体经济组织的培育和发展、农业规模经营和职业农民群体的涌现与壮大，城乡居民养老保险参保人员不断转入职工养老保险制度，城乡居民养老保险制度覆盖人群将不断缩小，同时，城乡居民养老保险待遇水平不断提高，与职工养老保险待遇水平相对差距缩小，城乡居民养老保险与职工养老保险两个制度融合条件逐步具备，建立城乡职工和居民统一的基础养老金不仅必要而且也有了现实可能。

3. 在待遇上要求与发达国家接轨

各国基本养老保障制度的发展基本经历了从职业人群向其他人群范围逐步扩大、待遇

---

① 习近平．决胜全面建成小康社会夺取新时代中国特色社会主义伟大胜利［M］．北京：人民出版社，2017：46.

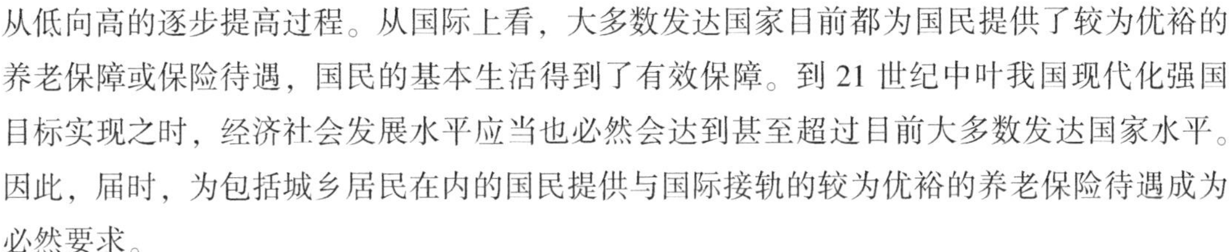

从低向高的逐步提高过程。从国际上看，大多数发达国家目前都为国民提供了较为优裕的养老保障或保险待遇，国民的基本生活得到了有效保障。到21世纪中叶我国现代化强国目标实现之时，经济社会发展水平应当也必然会达到甚至超过目前大多数发达国家水平。因此，届时，为包括城乡居民在内的国民提供与国际接轨的较为优裕的养老保险待遇成为必然要求。

（二）城乡居民养老保险制度长远发展政策建议

1. 强化居民参保意愿，提升参保缴费质量

（1）完善参保考核机制。基层机构是推动城乡居民基本养老保险参保扩面的主要力量，对基层的参保考核机制是各地政府推进城乡居民基本养老保险制度实施的重要抓手，科学有效的考核机制有利于提高城乡居民基本养老保险参保率和续保率。如兴化市政府以参保人数完成情况为考核内容，实行一票否决，导致乡镇、村级工作人员为完成目标着重宣传最低缴费档次，直接影响参保缴费质量。为提高城乡居民参保续保质量，建立以参保人数、续保人数为指标的考核机制，按常住人口数科学合理地分解下达参保续保目标，同时将高标准缴费人数、人均年度缴费水平纳入考核内容。比如，1000元以上缴费人数或者人均年度缴费水平达到目标后，可相应增加奖励标准，引导基层经办人员主动宣传动员高标准缴费。从减轻基层执行压力出发，合理设置考核内容，让基层人员在宽松的环境下将城乡居民基本养老保险推广到实处。建立科学有效的参保考核机制，有助于提高城乡居民基本养老保险参保率和续缴费率，有效增加缴费人数特别是高标准缴费人数，真正提升参保缴费质量。

（2）加大政策宣传力度。在公共政策执行中，目标群体即参保人员对制度的知晓度和个人参保意愿影响着城乡居民基本养老保险制度的有效落实，城乡居民对政策不够了解，参保意愿不强，在一定程度上会影响城乡居民基本养老保险制度的实施。因此，政府要加大政策宣传力度，提高城乡居民基本养老保险政策知晓度，进而提升城乡居民参保意愿。首先，广泛开展宣传。多角度多层次开展城乡居民基本养老保险政策宣传，用通俗易懂、喜闻乐见、生动活泼的内容和形式解读与推广政策，有效提升政策宣传率和居民知晓度。采用走村入户等传统宣传途径，通过宣传栏、宣传标语、宣传册、宣传品、现场咨询、文艺巡演等方式，深入群众开展宣传。利用广播电台、报纸杂志等传统媒体，策划、组织采访宣传活动，报道城乡居民基本养老保险制度的实践和先进典型。通过宣传讲清参加城乡居民基本养老保险制度的意义和作用，凸显出制度的惠民性，让城乡居民真正明白在社会保险权利和义务对等的原则下，履行参保缴费义务才能享受基本养老保险权益，引导其主动参保、持续缴费。其次，突出宣传重点。受记忆效应影响，城乡居民决策选择时因可得性偏差，存在彼此观望、相互攀比的从众心理。在宣传城乡居民基本养老保险政策时，可利用决策者行为中的可得性偏差改变这种心理，着重宣传缴得多、领得多的激励政策，讲清城乡居民基本养老保险待遇构成和计算方式，对比不同缴费档次和缴费年限对应的补贴

标准和未来养老待遇水平差距，引导城乡居民持续高标准缴费。加大城乡居民基本养老保险养老保障功能的宣传，纠正城乡居民认为参保是当前货币损失的认知偏差，促使城乡居民积极参保。宣传城乡居民基本养老保险待遇水平的调整机制，引导城乡居民从长远获利出发，改变以投资回报周期计算短期获利而选择低档缴费的现象。通过正面导向宣传，提高城乡居民的理性决策水平，进而提高参保缴费质量。最后，关注年轻群体。年轻群体距离退休时间长，提高中青年参保率是扩大基金规模，减轻基金支出压力的有效途径，有利于推动城乡居民基本养老保险制度的长远发展。目前青年群体因缺少养老意识，参保意愿较低，针对群体特征可以开展更加深入的政策宣传，利用互联网等新媒体，通过网站、微信公众号、微信群、手机 App 等，发布城乡居民基本养老保险政策解读文章、音视频，用短视频、微漫画等形式宣传讲解政策，提高年轻群体对养老储备的认识。部分中青年认为未来变数大，职业身份未固定，担心因个人职业情况变动造成保险作废而不愿参保，因此要加大对社保转移衔接政策的宣传，不同险种可转移接续，消除年轻群体的参保顾虑。

（3）增加制度信任积累。制度信任对参保群体选择缴费档次具有显著影响，信任度越高，越倾向于选择较高的缴费档次。政府作为公共政策的供给主体，要增强制度可信性，提高政府公信力和制度期望。第一，保证制度的稳定性和连续性，增强城乡居民对制度长期稳定发展的预期。旧农保和新农保的衔接引发了一场政府信任危机，城乡居民对制度的信任感下降，直接影响到制度的实施和运行。为适应社会经济的发展需要，未来城乡居民基本养老保险制度必然面临各种变革调整。政府要履行政策稳定性和连续性基本职责，兑现政策承诺，确保转型时期的制度调整不至于损耗公众对政策和政府的信任。第二，政策动员推广要听取民意，丰富政策宣传的方式和渠道，走进群众详尽解释政策内容和含义，允许合理的异议和意见表达，在政策推广中充分沟通、了解民意、及时反馈，通过公众参与对政府行为形成约束。

（4）建立最低缴费标准调整机制。城乡居民基本养老保险基金是支撑城乡居民基本养老保险制度运转的重要物质基础，基金规模不断壮大才能满足养老金支出需求的不断增长。城乡居民基本养老保险制度的发展不能仅仅依靠财政投入，个人缴费作为基金来源的组成部分也要保持在一个合理的比例。最低缴费标准具有锚定效应，影响着城乡居民的参保决策。经济快速增长带动城乡居民收入增加，缴费能力也逐渐提高，但多数城乡居民仍然参照最低缴费标准，城乡居民基本养老保险陷入“逆向选择”困局。建立最低缴费标准调整机制是适应社会经济发展、增加个人账户积累的重要手段。城镇职工养老保险每年按职工平均工资确定缴费基数，城乡居民基本养老保险也可参考居民人均收入的一定比例设定基准缴费标准，并根据人均可支配收入、基础养老金增速等指标调整缴费标准。在保障城乡居民缴费负担适度的情况下，通过合理调整最低缴费标准，提高城乡居民锚定标准，促进个人账户正常增长，应对城乡居民基本养老保险自愿参保“就低不就高”的弊端。社会公平理论提出社会公平不仅仅是平均分配，更要注重保护弱势群体利益。城乡居民基本养老保险发挥收入再分配的功能，要注重向弱势群体倾斜。调整最低缴费标准时要考虑到

困难群体的缴费能力，相应提高政府为困难群体代缴保险费标准，保障缴费困难群体百分百参保、百分百代缴。

2. 构建多元筹资机制，减轻地方财政负担

（1）推行个人刚性参保。与其他社会养老保险实行强制征缴不同，城乡居民基本养老保险制度遵循自愿参保原则，通过宣传动员引导城乡居民普遍参保，缺乏刚性参保约束。城乡居民基本养老保险制度作为一项基本社会保险，应当具备社会保险强制性的属性，以保证制度持续发展。城乡居民基本养老保险制度经过多年的完善发展，覆盖面逐渐扩大，跨险种社保能够转移衔接，城乡居民收入增加，缴费能力提高，困难群体由地方政府兜底帮扶，目前已具备实行刚性参保的条件。建议适时推行城乡居民基本养老保险刚性参保政策，明确刚性参保要求、条件和方法步骤，充分利用全民参保登记成果，为落实刚性参保政策提供基础数据支持。可以探索设立过渡期，对未参保人员和缴费年限不满 15 年的，适当放宽补缴限制，对间断性参加城镇职工养老保险的，做好转移衔接政策宣传，明确城镇职工养老保险和城乡居民基本养老保险是必选其一的两道“密网”。过渡期后，符合参保范围的城乡居民实行“应保尽保”，使全民参保成为公民法定义务和实践可能。

（2）拓展基金筹资渠道。国家规定有条件的集体经济组织应当给予补助，鼓励其他社会经济组织、公益慈善组织、个人等社会力量提供资助。国家强调的是有条件和鼓励，并没有形成法律条款制约，在实施过程中绝大部分地区集体补助形同虚设，社会力量对参保缴费的资助更是微乎其微。政府在强化个人缴费和财政筹资责任外，也要拓展基金筹资渠道，稳固资金来源。政府要完善相关法律法规，明确集体经济组织和社区的补助责任，以硬性规定保障集体补助落实到位，减轻个人缴费和财政补贴负担。同时，借鉴国外经验，出台养老资助细则，利用税收减免、投资优惠等政策鼓励社会力量对参保缴费提供资助，激发其资助城乡居民基本养老保险的积极性。

（3）建立弹性待遇领取年龄。社会经济的快速发展带动医疗水平的进步和生活水平的提高，人均寿命不断增长，人口老龄化程度不断加剧，养老保险代际赡养比逐步降低，养老保险未来可持续发展面临巨大挑战。为缓解养老金支付压力，企业职工基本养老保险正在逐步推进延迟退休方案。在调查中发现，很多超过 60 周岁的参加城乡居民基本养老保险的居民仍在工作，养老金并不是他们的主要生活来源。老年人有劳动能力可以自行保障生活时，养老金的重要性相对减弱。鉴于这种情况，可以学习加拿大超级年金的经验，建立弹性待遇领取年龄，以 60~70 周岁为范围，让城乡居民根据身体、家庭状况和工作能力自主选择领取待遇时间，60 周岁以后每推迟一年领取待遇，基础养老金可以相应增发，鼓励城乡居民推迟领取待遇时间，从而减轻地方财政支付压力，保障城乡居民基本养老保险制度平稳运行。

（4）明确财政补贴责任。作为城乡居民基本养老保险制度的主导者，中央财政和地方财政共同承担资金“兜底”责任，中央财政主要负担基础养老金的发放，地方财政承担缴

费补贴、基础养老金配套资金、丧葬补助金、困难群体代缴、年限基础养老金和对65周岁以上居民基础养老金增发等部分。随着保障待遇水平的提升和待遇领取人数的增加，地方财政负担呈上升趋势。政府对资源的合理配置有利于保障水平的提高。建议根据地方经济实力明确各级政府责任，合理设计和划分各级财政的补贴比例。加大对经济欠发达地区的财政转移支付力度，可以综合各地财政收入水平、人均可支配收入、参保居民人数及年龄结构等指标在省内的排名情况，对于远低于省平均水平的市县，省级财政承担全部或部分缴费补贴，并对基础养老金补助、65周岁以上基础养老金增发和个人账户养老保险金领取完毕后个人账户养老保险金支出项目安排财政补助资金，通过省级财政缴费补贴和倾斜补助相结合的调控方法，有效缓解经济欠发达市县政府的财政支付压力。

(5）发展经济，增强筹资能力。政策环境是影响公共政策执行的重要因素，经济发展水平和外部环境直接影响着城乡居民基本养老保险的实施效果。经济欠发达地区一般以农业为主要产业，经济基础比较薄弱，城乡居民基本养老保险参保和待遇领取人数多，地方财政支出责任与地方政府财力不匹配。因此，经济欠发达地区城乡居民基本养老保险保障水平低于经济发达地区。城乡居民基本养老保险发展离不开经济发展的资金支持，发展地方经济，提高城乡居民纯收入和财政收入，增强个人缴费能力和政府财政筹资能力，是夯实城乡居民基本养老保险制度的经济基础。首先，大力发展地方经济，加快产业结构调整，立足产业特色发挥资源优势，推动重大项目建设、转换新旧动能，在优化营商环境、振兴实体经济上精准施策，从而增加地方财政收入，促进城乡居民增收，进一步增强政府财政经济能力和个人缴费能力。其次，推动集体经济发展，创新集体经济发展形态，探索“土地流转”“混合经济”“乡村旅游”等多元发展途径，增加村集体经营性收入，以集体经济发展带动农民增收，增加集体补助来源，为城乡居民基本养老保险筹资注入力量。

3. 健全缴费激励机制，增强制度吸引力

在公共政策执行中，政策内容直接决定着政策执行的最终效果，因此要从政策层面入手，优化城乡居民基本养老保险制度内容，着重增强制度吸引力。

(1）建立基础养老金正常调整机制。城乡居民基本养老保险参保对象是最基础、最普通、最广大的人民群众，普遍收入较低，就业不稳。如果养老金待遇水平过低，达不到城乡居民的养老预期，再强的刚性参保约束，其作用也将受到削弱。目前国家基础养老金调节频率和水平相对滞后，制约了城乡居民基本养老保险制度发挥“保基本”作用。因此，要建立基础养老金正常调整机制，结合城乡居民收入及消费支出、财政能力和城乡统筹发展等方面，确定基础养老金动态调整方案，适度提高基础养老金水平，从而提升城乡居民基本养老保险的制度吸引力。一是以城乡居民收入增长和消费支出为“跟踪线”，动态调整基础养老金，确保养老金购买力，保障城乡居民合理分享发展成果。二是考虑财政收入发展，根据财政能力适度调整基础养老金标准，在兼顾财政负担和经济效率的前提下为城乡居民提供相对较高的养老水平。三是城乡居民基本养老保险基础养老金增长率要略快于城镇职工养老保险制度的增长率，从而逐步缩小两者待遇水平差距。四是基础养老金要向65周岁及以上老年居民和收入相对弱势的群体予以适当倾斜，着重发挥城乡居民基本养老保险对弱势群体的公平和互助功能。

（2）基础养老金增发与缴费水平挂钩。基础养老金的增发要体现出参保人缴费义务和享受权利的对等，真正发挥多缴多得、长缴多得的激励作用。目前大多数地区的基础养老金增发仅与缴费年限挂钩，与个人缴费水平缺少关联，多缴多得作用发挥不足。因此，要制定基础养老金增发细则，对长期缴费、超过最低缴费年限，适当加发年限基础养老金。借鉴福建省三明市分档定额的做法，基础养老金增发与缴费水平挂钩，缴费水平越高，基础养老金增发越多。例如，按照平均年缴费500元及以下、500~1000元，1000~1500元、1500元以上进行分档，以最低缴费年限15年为基准，每多缴一年基础养老金分别按1%、2%、3%、4%的比例增发，用“看得见、摸得着”的收益引导激励城乡居民早参保、多缴费。

（3）发挥缴费补贴激励作用。目前很多地区城乡居民基本养老保险缴费补贴采用定额补贴方式，这种缴费补贴方式呈现累退效应，在制度实施过程中不仅无法起到激励作用，甚至会产生负向激励，最终影响制度实施效果。因此，要优化缴费补贴方式，实施“差异化”财政补贴机制，有效发挥缴费补贴的激励作用，使财政投入资金“酵母效应”最大化。可以采取“固定+累进”方式，不同档次给予不同补贴，每高一档按定额或定比例提高缴费补贴，形成与缴费档次梯度相当的补贴标准，真正体现多缴多补的激励效应。同时，根据经济发展水平和地方财政状况适当提高缴费补贴标准，对补缴部分也给予相应补贴，鼓励城乡居民积极参保和补缴，进一步充实城乡居民基本养老保险基金。

4. 提高运营管理水平，实现基金保值增值

（1）提高基金统筹层次。统筹层次是衡量养老保险制度发展水平的重要指标，基金统筹层次低是导致养老保险制度发展不充分、不均衡的深层根源。较低的统筹层次不利于发挥基金调剂余缺的功能，派生出基金难以保值增值、区域间发展不均衡、防控抵御风险能力弱等问题。城乡居民基本养老保险实行县级统筹，由于地方经济、财政能力和基金运营管理差异，全国、各省乃至各市待遇水平差距较大，影响了制度的公平性和效率性。从长期的城乡居民基本养老保险制度可持续发展来看，要逐步提高基金统筹层次，先实现市级统筹，发现和解决统筹过程中的难题和矛盾，为省级统筹打下基础，待条件成熟后适时推行全国统筹。参考南京市、成都市的经验，实施城乡居民基本养老保险市级统筹，在全市范围内实现统一的实施办法，最先消除县区发展差距，让城乡居民公平地共享发展成果。

（2）提升保值增值能力。目前城乡居民基本养老保险基金以国债和银行存款为主要投资方式，虽然具有安全性和流动性，却很难满足收益性的要求。在通货膨胀的情况下，不仅不能实现增值，甚至连保值都很难保证。城乡居民基本养老保险作为一种准公共产品，政府和市场是供给主体。政府承担供给责任的同时要注重发挥市场的调节作用，通过建立

多元化的基金运营管理机制，抵御贬值风险，扩大基金规模。第一，短期上，建议国家针对城乡居民基本养老保险定向发行国债，根据通货膨胀水平制定利率水平，以此规避基金严重贬值风险。第二，中长期上，在保证基金安全的前提下优化基金投资政策，引导基金参与市场化投资，如开放式基金、企业债券、股权投资等，合理分散投资风险，提高基金收益。第三，在统筹层次提高前，建议增加经济欠发达县区的基金委托投资比例，为缺乏基金管理能力的地区提供收益率较高的投资方式，提高经济欠发达县区的基金收益，从而减轻地方基金支付压力。第四，借鉴智利、新西兰等国家的实践经验，通过竞争机制引入专业化基金运营管理组织，在兼顾安全的同时注重基金资产组合结构优化，提高投资专业化水平，提升城乡居民基本养老保险基金的保值和增值能力。第五，加大基金监管力度。城乡居民基本养老保险作为我国参保人数最多的基本养老保险制度，基金的安全运行对于制度的持续发展和社会的和谐稳定具有重要意义。加大基金监管力度，确保基金安全运行是一项紧迫而又长期的任务。首先，落实内部控制制度，制定岗位、业务互相监督制衡的管理办法，严格权限管理，同一用户分配一项权限。重要信息变更、待遇核定、待遇发放等高风险业务实行初审、复审、审批三级管理，定期开展内控专项检查，有效防范和化解基金管理风险。其次，丰富待遇领取资格认证手段，推进生物特征认证系统，开展自助认证服务，方便群众通过手机、电脑以及自助一体机等进行线上认证。通过大数据信息交互比对，网上自助认证和特殊人群上门服务等多认证互补模式的运用，防范基金重复领取和冒领风险。最后，加强基金监督，鼓励和支持公民、法人及其他社会组织参与基金监督，引入第三方专业机构对基金使用管理情况进行监督。通过有效结合行政监督与社会监督，提升基金风险防控水平，确保基金运行安全指数上升。

5. 推进信息化建设，提升经办服务能力

（1）加强基层平台建设。一项公共政策能否发挥作用，主要依赖于政策执行机构的执行效果。基层服务平台直接服务于城乡居民，是实施城乡居民基本养老保险制度的前沿阵地。推进基层服务平台建设是为城乡居民提供均等化公共服务的必要举措，能够促进城乡差距缩小，有利于实现和维护社会公平。基层经办机构人手不足、专业能力欠缺、硬件设施落后、城乡居民对政策宣传和服务水平满意度不高等问题是各省、各地区城乡居民基本养老保险制度实施过程中存在的共性问题。为推动城乡居民基本养老保险制度的实施，基层经办机构的规范化、标准化、专业化建设是重要手段之一。首先，加大基层平台建设投入，按照基层公共服务功能配置要求，实现基本公共服务平台行政村（社区）全覆盖，完善机构设置，明确人员配置，加大财政投入，着重解决责任主体不明、建设投入不足、经办力量不足等问题。其次，规范基层经办流程，基层平台是城乡居民基本养老保险经办全流程的载体，服务水平直接影响着城乡居民的满意程度。人社部门要制定统一的业务经办规程，规范基层平台的业务经办行为，从而提升基层公共服务水平。

（2）加强人员队伍建设。建设一支高素质的人员队伍是提升城乡居民基本养老保险服

务水平的基本保障。基层经办机构由于人员队伍不稳定、专业化水平不够，导致基层服务水平较低，群众满意度不高。因此，加强人员队伍建设是提升经办服务水平的重中之重。第一，优化人员队伍结构，目前劳动保障协理员一般由村干部兼任，平均年龄偏大，文化程度不高，经办能力难以适应工作需要。乡镇、街道可以将具备计算机、会计、社会保障等专业背景的大学生村官、村级后备干部充实到人员队伍中，为基层公共服务注入活力。第二，加大培训力度，定期举办集中培训，增加培训内容的针对性和培训方式的多样性。邀请人社部门工作骨干和业务能手解读城乡居民基本养老保险政策，讲解业务经办流程，提升基层工作人员的政策水平和业务水平，更好地适应工作需要。第三，提高福利待遇。福利待遇是影响人员队伍稳定性的重要因素，基层经办机构由于待遇水平低，业务经办量大，导致人员流动性大。建议基层机构将专项考核补助资金作为工作津贴直接发放给工作人员，通过合理提高基层工作人员的福利待遇，调动人员工作积极性，进而提高队伍稳定性。

（3）提高信息化建设水平。信息化建设是撬动经办服务创新的最好支点，是破解基层经办供给不足、提供高效便捷服务、推动制度可持续发展的关键抓手。第一，推进城乡居民养老保险一体化信息平台建设，根据发展需要建立一体化信息平台，加强对基层经办机构的业务平台操作培训，利用统一的信息管理系统，实现不同险种、不同地区间的业务协作和数据共享，提高业务经办效率。第二，依托“互联网+”推进便民服务平台建设，通过自助终端服务、网上服务大厅、手机 App 和综合服务平台等多种服务手段，提供实时缴费、随时查询、关系转移、待遇发放等在线服务，推动城乡居民基本养老保险业务“不见面办理”，进一步提升经办效率和水平。第三，加强部门间信息共享，建立业务数据管理平台，推进部门、各系统的数据开放和信息共享，保障城乡居民基本养老保险相关信息顺利流动，通过数据共享有效减少业务经办工作量，缩减业务办理时间，进一步提升经办服务能力。

（4）畅通保险转移衔接。城乡居民基本养老保险能否顺利实现跨险种、跨地区转移衔接，是城乡居民参保和持续缴费的考虑因素，也是参保人员评价城乡居民基本养老保险经办服务水平的重要方面。尽管国家出台相关文件规定衔接办法，但由于缺少具体衔接细则和操作口径，城乡居民基本养老保险的衔接转移仍旧费时费力。因此，地方政府要打通养老保险制度之间的转移衔接通道，出台城乡居民基本养老保险与城镇职工养老保险的衔接细则和办法，处理好两种制度在转移时缴费金额和缴费年限的折算方式，可以学习成都市换算和补足的方法，允许城乡居民基本养老保险参保缴费年限补足或换算为城镇职工养老保险缴费年限，保障参保人的缴费权益不受损。同时，利用一体化信息平台简化转移衔接手续，实现网上申请转移接续，让社会保险跨险种、跨区域转移衔接更加顺畅。

第三节　城乡居民养老保险的可持续发展策略

城乡居民养老保险是我国社会保障体系的重要组成部分，该制度与城镇职工养老保险制度、机关事业单位职工保险制度等共同构成当下的养老保险制度，对于保障城乡居民晚年生活的安宁和尊严具有至关重要的保障作用。然而，随着社会经济的发展和人口老龄化趋势的加剧，城乡居民养老保险面临着诸多挑战和问题。为了确保城乡居民养老保险的可持续发展，需要制定有效的策略和措施。

一、城乡居民养老保险的可持续发展策略问题分析

（一）缺乏资金保障

城乡居民养老保险资金来源主要依靠个人缴费和政府财政补贴。然而，由于城乡居民个人缴费能力有限，导致养老保险基金规模不足。同时，政府财政补贴也面临着财政压力和资源分配的困境，难以长期稳定地提供充足的补贴资金。

（二）保险制度设计不完善

城乡居民养老保险的制度设计存在一些问题。首先，缺乏差异性的养老保障政策，无法充分考虑农村居民的多样性需求。其次，养老金水平相对较低，难以满足农村居民的基本生活需求。养老保险的参保条件和待遇标准与城乡居民的实际情况不完全适应，存在一定的不公平性。

（三）缺乏有效监管和管理机制

城乡居民养老保险的监管和管理机制相对薄弱，容易导致资金滥用、风险隐患和失信等问题。一些保险机构在运营管理中存在不规范、不透明的情况，导致养老保险基金的安全性和稳定性受到威胁。缺乏有效的监测和评估体系，无法及时发现和解决问题，对养老保险制度的改进和优化形成制约。

（四）缺乏社会参与和信息共享机制

城乡居民养老保险的可持续发展还面临着社会参与和信息共享的问题。在养老保险制度建设中，应充分发挥社会力量的作用，吸引更多的社会资金和资源投入养老保险基金。加强与其他社会保障体系的衔接，实现信息共享和数据互通，有助于提高养老保险的管理效率和服务质量。

二、城乡居民基本养老保险可持续发展面临的困境

（一）人口老龄化增加基金支付压力

我国人口老龄化进程呈现出规模较大、速度较快、程度较深、未富先老等特点。2021

年年底，我国65岁以上的老年群体人数约为2亿人，同2012年65岁以上老年人口数量相比，增加了约7000万人，占全国总人口的比重约为14.2%，同时，65岁以上老年人口抚养比由2012年的12.7%上升到20.8%，这意味着我国年轻人未来养老的负担将会更重①。人口老龄化除了增加年青一代群体的养老负担，也会阻碍我国城乡居民基本养老保险制度的可持续发展。人口老龄化、养老保险支出同经济高质量发展之间有密切的联系，人口老龄化进程的不断加快会导致劳动力的供给质量下降，老年抚养比的不断上升会客观上增加社会对养老保险的需求，逐渐打破养老保险收支均衡的状况。虽然我国已经积累较为充足的养老保险基金，也建立全国社会保障基金理事会运营和投资养老保险基金，提升我国养老保险基金的收益，但从时间维度上看，老年群体领取的养老金源于年青一代的缴费积累，而随着我国老龄化程度的加深和生育率的降低，未来可能出现养老保险缴费人数大幅度少于当年领取养老保险金人数，消耗养老基金的速度加快，养老金支付的压力逐步增大。

（二）保障水平不理想

就目前所颁布和落实的城乡居民养老保险制度而言，补贴回报十分有限。如果参与城乡居民养老保险的居民每个月选择500元的缴费档次进行缴费，在缴费满15年之后，其所能够领取的养老保险金估算数额为186元。如果每个月选择5000元的缴费档次，那么在缴费满15年后，其所能够领取的养老保险金也仅仅约为686元。因此，加大养老保险金的缴纳投入，其能够带来的回报收益并不贴合城乡居民的期待。所以，许多城乡居民缺乏参投城乡养老保险的内驱力。现阶段所颁布和实施的城乡居民养老保险缴纳制度，在保障水平上并不理想，这是城乡居民养老保险存在的主要问题之一。

（三）城乡居民受传统观念影响严重

由于地区间城乡经济发展存在一定差距，许多农村老年人都会选择与子女共同居住的方式养老。因此许多农村老年人仍然秉承着传统的养老观念，认为只要子女尽孝，就不需要花费过多的时间和精力缴纳社会养老保险。许多老年人由于自身的受教育程度较低，对养老保险费用缴纳制度和政策并不理解，认为现在的养老投入成本，其所能够获取的利益需要60周岁以后才能兑现，这一行为是不值得的，这也是导致居民参加城乡养老保险驱动力不足的重要原因之一。一些农村群体自身收入不高，在选择缴费档次时，往往更倾向于选择低档次进行缴费，这也是影响城乡居民养老保险参与度的重要原因。还有一些农村群体在费用缴纳过程中，极易受到别人的影响。如果周围居民纷纷选择缴纳最低档的养老保险，那么他们也会选择缴纳最低档的养老保险，这是当前城乡居民养老保险缴纳方面存在的又一主要问题。

① 彭碧艳．城镇职工养老保险全国统筹的困境与对策［J］．西部财会，2021（11）：63-65.

（四）政府在制度宣传方面有所欠缺

城乡居民养老保险制度实施之后，许多不同区域的地方政府为了能够达到任期内的考核目标，使用各种方式来引导居民参投城乡居民养老保险。为了快速完成居民参投养老保险的工作任务，许多地方政府采用了统一档次、强制征收的方式。这导致许多参投民众一直以来只缴纳最低档次的费用。还有一些地方政府在城乡居民养老保险制度贯彻落实方面并未引起足够的重视，因此未能在日常工作中加大对城乡居民养老保险制度的宣传力度，导致许多民众对相应政策存在误解，这也是导致城乡居民养老保险制度落实质量无法得到提升的重要原因之一。由于基层工作的落实存在问题，城乡居民参投养老保险的意愿并不高，这是地方政府应该关注的问题。

三、促进城乡居民养老保险可持续发展的策略

（一）加强财政保障

以居民多缴长缴保费为基础，各级财政提供充足的资金补贴，村居集体经济组织和社会福利机构多元化投入，做实做大个人账户基金积累。加强养老保险的监管和管理机制。建立健全的监管体系，加强对地方政府和保险机构的监督和评估，确保其运营管理的规范性和透明度。加强风险防控措施，建立风险评估和监测机制，及时发现和应对养老保险领域的风险隐患。同时，加强对养老保险数据的管理和应用，推动信息技术的应用，提高养老保险管理的效率和质量。鼓励社会参与和推动信息共享机制的建立。鼓励社会力量参与养老保险的管理和投入，通过引入民间资本和社会组织的参与，提供更多的资金和资源支持。加强与其他社会保障体系的衔接，实现养老保险信息的共享和数据的互通，提高服务的协同性和综合性。通过以下措施，切实保证城乡居民养老保险的可持续、高质量发展。

1. 增加财政投入，确保养老金支付能力

设立专门的监管机构或加强现有监管机构的功能，负责监督和管理农村居民养老保险制度的运行。该机构应具备专业的人员和资源，并拥有充足的权力和职责监管参保机构和资金运作。建立定期的监督和审计机制，对参保机构的运作情况进行全面检查和评估。监督机构应定期抽查参保机构的账目和资金使用情况，确保其合规性和透明度，发现问题及时处理。建立风险评估和监测机制，及时发现和应对养老保险领域的风险隐患。监管机构应与参保机构合作，建立风险防控意识，加强内部控制，防范资金滥用、违规操作等风险。建立养老保险信息共享平台，实现数据的互通和共享，加强与其他社会保障体系的衔接。监管机构应与相关部门建立信息交流和合作机制，确保养老保险数据的安全性和准确性，提高管理效率。完善相关的法律法规，明确监管机构的职责和权力，并规范参保机构的运作行为。加大对违法违规行为的打击力度，对违规机构和人员进行严肃处理，形成威慑效应。加强对监管机构人员的培训，促进其专业能力提升，确保他们具备应对复杂情况和问题的能力。与此同时，建立监管机构与参保机构之间的良好沟通机制，加强合作和协

调，共同推动城乡居民养老保险的可持续发展。政府应当增加对中、西部地区的中央财政补助，按照中央确定的基础养老金标准给予全额补助。地方人民政府应当增加对参保人缴费的补贴。对于选择最低档次标准缴费的参保人，补贴标准不低于每人每年 30 元。对于选择较高档次标准缴费的参保人，应当适当增加补贴金额。对于选择 500 元及以上档次标准缴费的参保人，补贴标准不低于缴费额的 10%。具体的补贴标准和办法由省（区、市）人民政府确定。这样可以通过地方财政的补贴，减轻参保人的缴费负担，提高养老保险的个人账户的累积额，鼓励更多的居民参与养老保险。对于重度残疾人等缴费困难的群体，地方人民政府应当为其代缴部分或全部最低标准的养老保险费，并制定合理的调增代缴幅度。这样可以确保缴费困难群体仍能享受到养老保险的权益，减轻其经济负担，保障其基本生活。

2. 探索多元化的养老金筹资方式

如投资运营和商业保险等将一部分养老金资金进行投资运营，以获取更高的回报率，可以通过建立专门的养老金投资组合，投资于股票、债券、房地产、基础设施等各类资产。通过有效的资产配置和风险管理，可以提高养老金的收益率，并为养老金提供更稳定的资金来源。引入商业保险机构参与养老金的筹资和管理，通过与保险公司合作，推出养老年金保险产品，让个人或居民所在集体经济组织购买养老年金，并将养老年金作为养老金的一部分。商业保险机构可以利用专业知识和风险管理经验，提供更多选择和灵活性，为参保人提供个性化的养老金服务。促进公私合作，吸引民间资本参与养老金筹资和管理。通过与私营企业合作建立养老金基金、养老院等养老服务机构，可以引入私营资本和市场机制，增加养老金的来源，提高管理效率。

3. 完善养老保险缴费激励政策

目前我国的养老保险的原则是“多缴多得，长缴多得”。例如，在城乡居民基本养老保险中虽然缴纳保险费满 15 年即可领取养老金，但是为了鼓励居民长缴，对缴纳满 15 年的参保人员给予超额缴纳基础养老金补贴。补贴额度设定为补贴基数乘以超过年限数，缴纳保险费在 15 年以内的补贴基数额为 1 元，缴纳保险费在 15 年到 25 年的补贴基数额为 2 元，缴纳保险费在 25 年以上的补贴基数额为 3 元。实际调查后发现，现行的城乡居民养老保险缴费群体尤其是农村及乡镇居民更愿意选择缴纳低档次的保险费。并且在不同缴费档次，缴费年限之间的保费收益水平差距并不明显。例如，按照目前湖北省规定的缴费补贴标准来计算，对于选择 300 元每人每年缴费档位的居民，补贴金额为 45 元，最终缴费满 15 年领取待遇时按照个人账户记账利率 4%为基准，基础养老金为每人每月 115 元，计算得出每人每年最终可以获得 1989. 9 元，对比缴费金额收益率为 663. 3%；对于选择 500 元每人每年缴费档次的居民，补贴金额为 81 元；缴费满 15 年领取待遇时每人每年最终获得 2407 元，对比缴费金额收益率为 481. 4%；对于选择 1000 元每人每年缴费档次的居民，补贴金额为 138 元，缴费满 15 年领取待遇时每人每年最终获得 3391 元，对比缴费金额收益率为339%。由此可以看出，选择档次越高的缴费标准，最终的实际收益率反而会降低，因此缺乏对参保居民缴纳更高档次的保费以及延长缴纳年限的激励效果。政府部门需要积极提升用户的个人账户的投资收益率，以此来推动“多缴多得”的鼓励政策。同时强化对于养老保险基金的运营管理，提高资金利用效率，构建多维度的资金筹集管理模式，提高养老保险基金的来源的稳定性以及养老保障制度的可持续性。

（二）提高参保和覆盖率

1. 拓展宣传教育，提高居民对养老保险的认知和参与意愿

制作简明扼要的宣传材料，包括宣传册、海报、宣传视频等，以吸引居民的关注。这些材料应当以简单易懂的语言解释养老保险的基本概念、制度安排、权益和参与方式等，以便居民能够快速了解和掌握相关信息。组织各类宣传活动，比如，座谈会、培训讲座、宣传展览等，以接触更多的居民群体。这些活动可以邀请专家学者、保险从业人员等讲解，让居民对养老保险有更全面的了解，并解决他们的疑虑和疑问。利用社区平台，通过社区广播、社区公告栏、社区活动等途径进行养老保险的宣传和推广。社区工作人员可以向居民提供详细的咨询和指导，解答他们的问题，帮助他们完成参保手续，提高居民的参与意愿。借助各类媒体，包括电视、广播、报纸、网络等，发布有关养老保险的宣传报道和专题节目。这样可以扩大宣传的覆盖面，让更多的居民了解养老保险的重要性和益处。针对不同年龄段、职业群体、经济状况等特点，提供个性化的宣传信息。例如，针对年轻人可以强调养老金的长期积累和投资增值；针对农民工可以强调养老保险的跨地区转移和权益保障等。这样可以更好地满足不同群体的需求，提升他们的参与意愿。

2. 简化参保手续，提高服务质量

简化养老保险的登记和申请流程，减少烦琐的手续和材料要求。例如，可以设置养老保险登记窗口或网上平台，提供方便快捷的参保登记渠道。简化申请表格和材料，减少居民的办理时间和成本。提供多种参保缴费渠道，以适应不同居民的需求。除了传统的线下登记之外，还可以推广网上参保、电话参保等便捷的渠道。这样可以让居民选择最适合自己的参保渠道，降低缴费的难度。降低参保费用，减轻居民的经济压力。例如，可以制定差别化的缴费标准，根据个人经济能力调整缴费金额。还可以设立一定的补贴政策，对低收入人群给予参保费用的部分或全部补贴，提高他们的参保意愿。加强对居民的参保宣传和指导工作。通过在社区、学校、社区等场所开展宣传活动，向居民普及养老保险的相关知识和政策，解答他们的疑问，引导他们了解和参与养老保险。提供咨询热线、网上咨询平台等渠道，为居民提供及时的参保指导和支持。

3. 逐步推进延迟领取待遇年龄政策

目前人口结构变化所导致的养老金领取待遇人数增加速度已超过缴费人口，在这一发展趋势之下未来我国城乡居民养老保险缴费人口结构将出现较大的变化，缴费群体的减少

以及实际领取待遇人数的增加所带来的双面压力将会进一步刺激整个养老保险基金的严重缩水，随之而来的将是未来养老金出现严重的收不抵支的赤字问题。同时从整体上来看我国的养老保险参保人群领取待遇年龄设定普遍要早于发达国家，加之近些年经济形式的下行导致人们社保缴纳积极程度降低，部分民众甚至在未达到领取年龄前就已经停止缴纳社保。这种局面导致原本养老保险保费资金来源短缺的情况下，更多的参保居民提前退出保障，扩大养老保险资金缺口的产生。合理有效地调整城乡居民基本养老保险的领取待遇年龄，能够在一定程度上缓解未来城乡居民养老保险基金的缺口问题，为整个的养老保险发展带来一定的缓冲空间，因此想要调整目前收支不平衡的趋势，需要严格按照人力资源和社会保障部的相关政策规定，逐步推进延迟领取待遇年龄政策。

（三）加强监管和风险管理

1. 建立健全的监管机制，加强对参保机构和资金运作的监督

政府应明确监管机构的职责和权限，并建立相应的监管体系。相关部门和机构应配备专业监管人员，负责对参保机构和资金运作进行监督和检查，确保其合规运营。采取多种监管措施，如定期检查、抽查核查、风险评估等，对参保机构和资金运作进行全面监管。监管部门可以制定监管指引和规范，明确操作流程和标准，对违规行为进行处罚和整改。推动参保机构的信息化建设，建立完善的数据管理系统。通过信息化手段，可以实现对参保机构和资金运作的实时监测和分析，及时发现问题并采取相应措施。建立风险评估和预警机制，对参保机构和资金运作的风险进行及时识别和评估。一旦发现潜在风险，监管部门应立即采取有效措施加以应对，以防范和化解风险。建立社会监督机制，鼓励公众和相关利益方对参保机构和资金运作进行监督和举报。建立投诉处理渠道，及时处理涉及参保机构和资金运作的投诉和纠纷，保障参保人的权益。

2. 加强风险评估和应对机制，防范养老金运营风险

建立健全的风险评估体系，对养老金运营中的各项风险进行全面评估，包括市场风险、投资风险、资金流动性风险、政策风险等方面的评估，以识别潜在的风险点和薄弱环节。建立有效的风险监测和预警机制，及时获取养老金运营中的风险信息。监测市场变化、投资风险、资金流动状况等关键指标，通过数据分析和模型建立，实现对风险的监控和预警，以便及时采取应对措施。在风险评估的基础上，制订相应的风险管理措施和应对方案，包括建立投资组合分散化、合理配置资产、控制风险暴露度等投资管理措施，同时加强资金流动性管理、资产负债匹配等运营管理措施，以降低养老金运营风险。加强对养老金运营机构的合规监管，确保其按照法律法规和监管要求开展业务。建立健全的审计制度和内部控制机制，加强对参保机构的监督和检查，发现并纠正违规行为，防范风险。加强对养老金运营机构和相关从业人员的风险教育和培训，提高他们对风险管理的认识和能力，增强风险意识，使他们掌握风险管理的方法和技巧，提升整体风险管理水平。

综上所述，在养老保险体系的可持续发展中，政府的积极参与至关重要。政府需要加

强政策制定和监督，确保资源的公平分配和合理利用。社会参与也是不可或缺的，包括企业、社会组织和个人的积极参与，他们可以为养老保险的发展提供更多的支持和创新力量。需要不断完善制度设计，提高保险制度的灵活性和适应性，以满足不同群体的需求。通过综合性的政策和措施，实现城乡居民养老保险的可持续发展，为社会的稳定和繁荣贡献力量，确保城乡居民养老保险的可持续发展，为老年人的幸福生活提供坚实的保障。

（四）加大对城乡居民的参保缴费的激励

1. 提高教学质量和课程覆盖范围，引导居民树立正确的养老观念

随着经济社会的发展，我国多数家庭的结构呈现出了核心化趋势，人口老龄化问题也日益凸显。在这个大背景下，养老已经逐渐发展成为一个社会性问题，不仅仅关乎某个人或某个家庭。居民养老观念错误或养老意识淡薄，都可能是使居民选择较低缴费水平的原因。居民如果以消极或被动的态度对城乡居民养老保险进行理解，就会对城乡居民养老保险制度保持较低的信任度，居民很有可能只为满足最低的缴纳要求，而一直选择最低的城乡居民养老保险缴费档次。居民的受教育水平对其选择的城乡居民养老保险缴费水平有显著影响。因此，应提高现有的教学质量和覆盖率，加大对教育的投资支持力度，使得居民能够接受到更加全面的教育，这样就可以在日常生活中引导居民尤其是年轻人培养正确的养老观念，加强居民对养老保险观念和社会养老的正确认识，在思想上为提高居民城乡居民养老保险缴费水平奠定良好基础。

2. 完善宣传方式，注重宣传效率

居民对城乡居民养老保险的了解程度决定了居民在参保时选择何种缴费档次。通过提高受教育水平来培养居民的保险理念固然重要，但合理的宣传方式对于居民选择合适的城乡居民养老保险缴费档次也有重要的作用。在宣传方式上，以当地居民的平均受教育水平为依据，采取“动态宣传”与“静态宣传”相结合的方式。在“动态宣传”方面，根据居民的生活习惯和受教育水平，工作人员乐意利用类似各种节日等居民流动性大、聚集性强的契机，与居民进行现场互动。通过为居民派发根据居民受教育水平专门定制的城乡居民养老保险相关单页等宣传资料，讲解城乡居民养老保险具体政策，或定时演出与城乡居民养老保险相关的文艺节目等方式，以方便居民根据自身文化水平加深对城乡居民养老保险政策的理解。关于“静态宣传”，也可根据当地居民的受教育水平形成专属固定的宣传模式，比如，张贴城乡居民养老保险制度政策相关海报或悬挂横幅标语，使居民在日常生活中就可以轻松理解到城乡居民养老保险制度的精髓、感受到城乡居民养老保险制度的重要性。在宣传内容上，应注意化繁为简、重点突出，从居民受教育水平角度出发，避免长篇大论、纷繁冗杂式的宣传内容。比如，在制作宣传海报时，可利用多样化的内容，根据居民的受教育水平，图文结合，使用居民通俗易懂的语句，将缴费档次、待遇水平等居民最为关心的问题重点标志，方便居民以现有受教育水平也能更快、更直接、更准确地了解城乡居民养老保险制度的优点与实惠。

3. 调整缴费政策，增加缴费激励措施

提高居民城乡居民养老保险缴费水平，根据居民受教育水平增强居民参与城乡居民养老保险意识固然关键，但政策也需要自身不断调整完善，以贴近居民的自身需要。一方面，考虑到居民收入和生活方式等特点，居民的受教育水平可能会随着经济发展有所变化，这时居民可能不满足于当前的缴费水平，可调整现有城乡居民养老保险的征缴方式。比如，允许居民通过"往年补缴"的方式来增加其缴费金额。或者调整目前的征缴频次，能使居民可根据自己的实际情况进行灵活调整，分担居民一次性缴费的压力，从而增加居民选择更高城乡居民养老保险缴费档次的可能。另一方面，可对选择较高缴费档次居民实施激励措施。比如，为了让倾向于更高缴费档次的居民能够明确感受到更高缴费档次带来的好处，可以将城乡居民养老保险的各缴费档次对应的养老金收入差距适当地拉开，实现激励政策的积极效应。

4. 适当提高基础养老金水平

与物价水平相比，目前的养老金发放水平可能已经不能满足部分居民的基本生活需要。因此，可以采取提高养老金待遇水平等方式来吸引居民提高城乡居民养老保险的缴费水平，以保证城乡居民养老保险对老年人的生活保障作用能得到更好的发挥。比如，根据不同区域发展情况、物价水平等因素对养老金待遇水平进行适当调整，对缴费档次更高的居民，按照一定标准增发养老金等。提升居民在城乡居民养老保险制度中的获得感和满足感，让我国的城乡居民养老保险政策能够惠及更广大的人民群众。

5. 完善"多缴多得"和"长缴多得"的激励机制

为了提高城乡居民参保缴费的积极性，尤其是广大农村年轻人的积极性，需要回应这个群体对养老保险制度的合理诉求和未来预期，切实建立"多缴多得"和"长缴多得"的激励机制。一是提高居民个人账户养老金的回报率。可以通过提高个人账户记账利率的方法，鼓励多缴多得，提高城乡居民的参保意愿和缴费档次，如参考城镇企业职工养老保险个人账户记账利率的方法计息。也可以对不同缴费水平的个人账户设定不同的计息标准，个人账户缴费每增加一定额度，计息利率可按一定比例相应提高。二是提高政府对中间档次标准个人缴费的补贴。为鼓励较高档次缴费，政府补贴可按照同等幅度相应提高。为了更好地激励缴费，可由低到高实施累进补贴，补贴到中间档次之后再累退补贴。三是通过设定不同养老金待遇水平，引导居民长缴多缴。将缴费年限与养老金待遇相关联，做到缴费年限越长，基础养老金就越高。也可以进一步细分对缴费满 15 年参保群众增发的缴费年限养老金，按照缴费满 15 年、20 年、25 年、30 年、35 年的年限区分，对缴费时间长且缴费档次高的参保人员给予更高的养老金，吸引尚未参保的人员早参保、多缴费。

6. 加强城乡居民养老保险基金的投资运营

管理实现城乡居民养老保险基金的收支平衡和未来的长期支付压力，需要提高基金的投资收益率。基金投资运营管理通过将资金在资本市场上运营实现保值增值，维护参保人员的权益，缓解人口老龄化背景下巨大的财政压力。首先，积极落实相关措施促进基金增值，尽快完善城乡居民养老保险基金投资管理相关政策法规。其次，通过合理配置投资方式以及投资产品占比，在保证资产稳健的基础上追求更高的投资收益。地方的养老保险基金结余资金可以委托专业的投资机构，如全国社会保障基金理事会，进行投资运营管理，实现养老基金的增值。同时，政府监管部门要加强对基金的监管，进一步完善和优化制度，并及时研究应对风险的策略。总而言之，要在保证基金安全的前提下，不断拓宽养老基金的投资渠道，运用多元化的投资策略，通过养老基金投资收益率的增长，抵消通货膨胀的影响，进而增强基金本身的支付能力，助力城乡居民养老保险制度的可持续运行。

7. 优化两项养老保险制度间的转移接续

城乡居民养老保险与企业职工养老保险的转移接续是影响养老保险制度可持续运行、高质量发展的重要因素。城乡居民养老保险与城镇企业职工养老保险不能实现互相融通的主要原因是城乡居民养老保险缴费标准比较低，而且缺少就业单位缴纳的保险费，这种缴费差距导致的“鸿沟”短期内无法弥补。除了通过个人缴费和政府财政补贴不断提升城乡居民养老保险待遇水平之外，目前还没有较好的途径实现制度之间的融合或统一。在这种背景下，可以在技术层面通过一定的手段，在两项养老保险制度转移接续的过程中，实现参保人权益保障的最大限度的便利化和可携带。例如，可以通过数字信息技术，充分记录留存参保者的相关信息，通过量化方法计算参保人在城乡养老保险制度下缴费所积累的养老金权益，以量化的技术性方法再折算为城镇职工养老保险制度下的养老待遇，避免在不同养老保险制度转移中的权益损失。

（五）促进城乡居民养老保险档案规范化管理

1. 加强领导，科学管理

社保部门必须充分认识城乡居民养老保险档案管理规范化建设的重要性，给予相关工作高度重视，在实施档案管理规范建设中采用科学化的工作方式。首先，成立养老保险档案管理工作领导小组，负责对城乡居民养老保险档案管理的监督和指导工作，形成自上而下、协调统一的格局，将居民养老保险档案管理纳入重点工作，明确相关权责分工，从而促进各方面予以高度重视。其次，夯实城乡居民养老保险档案管理基础，重视开展好日常归档工作，增强系统内工作人员的责任意识，集中人力物力保证档案信息资源的进口关，力争在参保人数多、资料整理难度大、社保政策有调整的不利条件下夯实档案工作基础，着力细化具体作业环节管控，以信息化技术手段和专业化的工作团队杜绝档案管理的风险隐患。最后，社保部门应根据社保工作的实际情况，建立养老保险档案管理工作计划，明确社区、村镇的工作安排，形成多级齐抓共管的局面，在各有侧重的基础上提高档案管理的整体水平。

2. 加大投入，夯实基础

城乡居民养老保险档案管理工作意义重大，不仅关系到社保政策的有效落实，更关系到人民群众的切身利益。为此，还要加大投入力度，给予必要的资金支持。首先，由档案管理部门拟订工作计划，列出年度工作预算，围绕养老保险档案管理工作需求，配置必要的设施设备。向财政部门申请专项资金的支持，从而加强档案管理所需库房、信息系统的建设，满足养老保险档案管理的现实需要。其次，加大档案信息化建设力度，积极更新养老保险档案数据信息系统，围绕着智能化服务、移动化存储，加强自媒体通信平台的建设工作，推动养老保险档案管理信息化、智能化，并促进系统内部各部门、单位实现数据共享，以此简化不必要的业务流程，提高档案管理的整体效能。最后，由社保部门通过招标采购或技术援助方式获得第三方专业信息技术机构的支持，开展相关设备的维护工作，以有效防控养老保险档案管理的漏洞，保证数据化档案共享的效率，推动日常基础工作的持续有效运转。

3. 建章立制，提高效能

为加强城乡居民养老保险档案管理，档案部门还要主动与相关业务部门进行沟通，在了解档案工作短板的基础上，吸收借鉴先进经验，经反复调研论证，对现行制度进行优化整改。例如，在数字化技术背景下完善《城乡居民养老保险档案管理工作制度》，优化城乡居民养老保险档案管理期限、查阅使用、安全保密等规章制度，重点保证这些制度的可操作性，形成统一的管理规范。围绕着城乡居民养老保险档案使用越发频繁的现实，从服务业务经办部门的角度出发，以规范化制度提高档案的运转效率，着力简化烦琐的流程，以利于人民群众的查阅。

4. 狠抓落实，取得实效

城乡居民养老保险档案管理是面向基层群众的档案管理，是涉及重大民生事项的档案事业。为体现规范化档案管理的价值，还要狠抓制度规范的落实工作。一方面，明确档案管理的工作职责，确定部门目标责任制，进一步督促各方面履行档案管理要求。另一方面，在档案管理监督领导小组的指导下开展好协调沟通工作，加强业务部门与档案部门的联系，形成档案管理工作的合力，并形成横向的交流沟通机制，及时传递相关工作经验做法。基层社保部门要力争在落实规范化要求的基础上参与一系列的评比工作，按照国家、省、市的要求进行规范化建设，并积极参与行业内各种评比，以保证验收考评的质量为契机，夯实养老保险档案管理基础，取得规范化管理工作的新成效。城乡居民养老保险档案管理对一个地区的社会稳定具有重要的影响，直接关系到居民社会权益的实现。为此，社保部门要高度重视做好养老保险档案管理工作，严肃从业人员行为纪律，以规范化作业方式和流程满足人民群众的档案使用需要，以标准化的制度手段夯实档案管理基础，有效杜绝档案信息资源风险，提高档案管理与传递的效能，切实满足基层群众对养老保险档案信息的使用需求，从而为社会养老保险事业的科学发展提供强有力的支持。

参考文献

［1］安潇．城乡居民基本养老保险对家庭代际支持的影响研究［D］．沈阳：辽宁大学，2022.

［2］陈刚．浅议城乡居民养老保险档案管理［J］．四川劳动保障，2021（9）：32.

［3］陈国阳．我国城乡居民基本养老保险对居民家庭消费的影响［D］．太原：山西财经大学，2023.

［4］陈丽．城乡居民养老保险可持续发展探讨［J］．人才资源开发，2022（8）：48-49.

［5］陈婷，马晓慧，刘伟忠．新型农村养老保险的问题与对策［J］．经济研究导刊，2014（6）：100-101.

［6］陈秀娟．城乡居民基本养老保险政策问题及对策研究［D］．济南：山东财经大学，2021.

［7］陈璇．城乡居民基本养老保险的满意度影响因素及提高路径研究［D］．汕头：汕头大学，2021.

［8］陈玉玲．农民参加城乡居民养老保险意愿影响因素研究［D］．广州：广东财经大学，2022.

［9］陈悦．什么是城乡居民养老保险［J］．理财周刊，2021（10）：44-45.

［10］成志刚，文敏．共同富裕视角下城乡居民养老保险收入再分配的影响机制与提升路径研究［J］．湘潭大学学报（哲学社会科学版），2023，47（1）：106-117.

［11］戴郭成．城乡居民基本养老保险对居民消费的影响分析［D］．武汉：中南财经政法大学，2022.

［12］董丽华．城乡居民基本养老保险的收入再分配效应研究［D］．蚌埠：安徽财经大学，2022.

［13］关莹．我国城乡居民养老保险水平区域差异及影响因素研究［D］．桂林：桂林理工大学，2023.

［14］郭秋红．城乡居民基本养老保险内部控制制度的完善分析［J］．中国市场，2022（6）：25-26.

［15］国玉香．新时期城乡居民养老保险的优化路径刍议［J］．中国市场，2021（20）：32-33.

［16］胡琳．城乡居民养老保险政策执行情况调研［J］．四川劳动保障，2022（1）：29.

［17］菅宇．巴彦淖尔市磴口县城乡居民基本养老保险制度研究［D］．呼和浩特：内蒙古

大学，2021.
[18] 蒋丽齐．T 市城乡居民基本养老保险制度运行效果研究［D］．昆明：云南财经大学，2021.
[19] 李大勇．浅议城乡居民养老保险档案［J］．黑龙江档案，2021（3）：266-267.
[20] 李双．城乡居民基本养老保险对农村居民消费的影响研究［D］．济南：山东大学，2022.
[21] 林伟宏．城乡居民养老保险档案管理信息化工作的实践与思考［J］．就业与保障，2022（1）：20-21.
[22] 刘从龙．推动城乡居民基本养老保险事业从有到好发展［J］．中国人力资源社会保障，2022（10）：47-49.
[23] 刘华．浅谈我国养老保险双轨制［J］．法制博览（中旬刊），2014（2）：218，213.
[24] 刘攀．如何推进城乡居民社会养老保险工作［J］．人力资源，2021（24）：48-49.
[25] 刘佩．城乡居民基本养老保险对家庭代际支持的影响研究［D］．北京：对外经济贸易大学，2021.
[26] 浦美玲．努力提高城乡居民养老保险缴费档次［N］．云南日报，2022-09-26（008）.
[27] 邱莹，孟彪，李海莲，等．建立完善养老保险制度，确保养老基金良性运行［J］．科技与企业，2014（1）：224-225.
[28] 全国城乡居民养老保险工作推进会召开［J］．中国人力资源社会保障，2022（12）：9.
[29] 任玉莲．城乡居民养老保险业务档案管理发展探索［J］．文化产业，2022（24）：163-165.
[30] 任钰．山西省城乡居民基本养老保险制度运行效率研究［D］．太原：山西财经大学，2023.
[31] 尚俊艳．城乡居民基本养老保险制度经办管理风险及其防范对策［J］．今日财富（中国知识产权），2023（10）：119-121.
[32] 苏征宇．城乡居民基本养老保险对家庭消费的影响［D］．郑州：河南财经政法大学，2022.
[33] 王东．城乡居民基本养老保险基金的财务管理探究［J］．财富生活，2021（22）：176-177.
[34] 王京浩．城乡居民基本养老保险对家庭代际支持的影响研究［D］．西安：西北大学，2022.
[35] 王丽君．城乡居民养老保险基金监管的问题及对策研究［J］．中国集体经济，2021（28）：93-94.
[36] 王瑞雪．城乡居民基本养老保险对家庭消费结构的影响研究［D］．武汉：中南财经

政法大学，2022.
[37] 王艳艳．城乡居民养老保险对老年家庭脱贫质量的影响研究［D］．青岛：青岛大学，2023.
[38] 文晓梅．对城乡居民养老保险并轨问题的思考［J］．商业文化，2022（4）：122-123.
[39] 翁淑斌．试析城乡居民养老保险对农村老人的重要性［J］．农村经济与科技，2022，33（14）：179-181.
[40] 吴艺鹏．城乡居民养老保险高质量发展的若干思考［J］．国际公关，2022（20）：95-97.
[41] 吴玉层，李冬梅，王连增．统筹城乡居民养老保险制度研究［J］．经济研究导刊，2021（32）：56-58.
[42] 武睿芝．城乡居民基本养老保险缴费档次研究［D］．太原：太原理工大学，2022.
[43] 夏婧．城乡居民基本养老保险对农村老年人生活质量的影响研究［D］．济南：山东财经大学，2023.
[44] 邢印江．我国养老保险制度的现状及对策分析［J］．中国市场，2013（44）:51-52.
[45] 徐道军．城乡居民养老保险的可持续发展策略［J］．财讯，2023（14）：37-39.
[46] 许鼎，杨再贵．城乡居民养老保险筹资保障机制改革与财政补助结构优化［J］．江西财经大学学报，2023（6）：56-67.
[47] 闫晓明，杨建海，李紫颖．数字经济时代城乡居民养老保险多支柱改革研究［C］//清华大学经济管理学院中国保险与风险管理研究中心，中山大学岭南学院．2023中国保险与风险管理国际年会论文集．北京工商大学嘉华学院国际教育学院；北京工商大学经济学院，2023：13.
[48] 杨红梅．新时期城乡居民养老保险的优化路径刍议［J］．中国市场，2022（6）：21-22.
[49] 于青玉．城乡居民基本养老保险对农村家庭双向代际支持的影响研究［D］．沈阳：辽宁大学，2023.
[50] 于欣．城乡居民养老保险的优化路径［J］．今日财富，2021（21）：226-228.
[51] 袁丽萍．城乡居民基本养老保险对老年多维贫困的影响［D］．济南：山东财经大学，2023.
[52] 张彩云．城乡居民养老保险的优化策略［J］．黑龙江人力资源和社会保障，2022（7）：40-42.
[53] 张彩云．提高城乡居民养老保险管理绩效策略研究［J］．黑龙江人力资源和社会保障，2022（6）：55-57.
[54] 张艳丽．实现城乡居民养老保险可持续发展的问题与对策［J］．商业文化，2021（35）：20-21.

[55] 周凤珍，王新月．城乡居民养老保险个人缴费问题研究［J］．山东农业工程学院学报，2022，39（1）：62-67.

[56] 周晶石．辽宁城乡居民基本养老保险制度可持续运行问题研究［J］．地方财政研究，2023（7）：106-112.